So geht's zu A2:
ÖSD Zertifikat / ÖSD KID A2

Übungs- und Testbuch mit Audios

Barbara Gfall
Eleftheria Manolaki
Andrea Näfken
Panagiota Pavlou

Alles Digitale zu diesem Buch kann auf der Lernplattform **allango** von Ernst Klett Sprachen abgerufen werden. So geht's:

| QR-Code scannen oder **www.allango.net** aufrufen | Buchtitel oder ISBN in der Suche eingeben und auf das Buchcover klicken | Zum Inhalt navigieren, direkt abrufen oder speichern |

Zu diesem Buch auf allango verfügbar: **Audios, Transkriptionen, Lösungen**

Klett Hellas
Athen

So geht's zu A2: ÖSD Zertifikat / ÖSD KID A2
Übungs- und Testbuch mit Audios

1. Auflage ⁵ ⁴ ³ | 2027 26 25

Alle Drucke dieser Auflage sind unverändert und können im Unterricht nebeneinander verwendet werden.
Die letzte Zahl bezeichnet das Jahr des Druckes.

Das Werk und seine Teile sind urheberrechtlich geschützt. Jede Nutzung in anderen als den gesetzlich
zugelassenen Fällen bedarf der vorherigen schriftlichen Einwilligung des Verlages.

© Klett Hellas, Athen 2019
Alle Rechte vorbehalten.

Autorinnen: Barbara Gfall, Eleftheria Manolaki, Andrea Näfken, Panagiota Pavlou
Redaktion: Andrea Näfken
Redaktionelle Mitarbeit: Zoi Kokkalidou
Mit freundlicher Unterstützung und unter redaktioneller Mitwirkung von ÖSD (www.osd.at)

Gestaltung und Satz: Cellworks, Sofia Fourtouni, Athen

Printed in Greece
ISBN internationale Ausgabe: 978-3-12-676862-7
ISBN für Griechenland und Zypern: 978-960-852-155-5

Vorwort

Liebe Lehrende und Lernende!

Mit dem vorliegenden Übungs- und Testbuch **So geht´s zu A2: ÖSD Zertifikat / ÖSD KID A2** können sich Deutschlernende – Kinder, Jugendliche und Erwachsene – gezielt und effektiv auf die Prüfungen ÖSD ZA2 und ÖSD KID A2 sowohl im Kurs als auch im Selbststudium vorbereiten.

So geht´s zu A2: ÖSD Zertifikat / ÖSD KID A2 bietet ein gezieltes Trainieren der vier Fertigkeiten *Lesen*, *Hören*, *Schreiben* und *Sprechen* in einem thematischen Kontext an. Jede Einheit behandelt ein bestimmtes Thema, sodass die insgesamt 8 Einheiten alle für die Prüfung relevanten Themen abdecken. Die Aufgabentypologie entspricht den ÖSD-Prüfungsanforderungen.

In den ersten vier Einheiten finden sich zu verschiedenen Aufgaben wichtige Hinweise und Strategien, die das Ziel der Prüfungsaufgabe kurz beschreiben bzw. den Fokus auf eine erfolgreiche Bearbeitung legen.

Außerdem werden die produktiven Fertigkeiten *Sprechen* und *Schreiben* im gesamten Übungs- und Testbuch von sehr ansprechenden und abwechslungsreichen Aufgaben im Übungsteil *Wortschatz und Redemittel* optimal vorbereitet. Dabei wird auch die Lebenswelt der Deutschlernenden konsequent einbezogen.

Viel Erfolg bei der Arbeit mit diesem Buch und natürlich auch bei der Prüfung wünschen Ihnen

das Autorinnenteam und der Verlag

So geht's zu A2: ÖSD Zertifikat / ÖSD KID A2

Vorwort	3
Inhaltsverzeichnis	4
Prüfungsübersicht	6
Zur Arbeit mit dem Übungs- und Testbuch	8

Einheit 1 — Sport und Freizeit — 9

Lesen	10
Hören	17
Wortschatz und Redemittel	18
Schreiben	22
Sprechen	24

Einheit 2 — Gesund leben – gesund bleiben — 27

Lesen	28
Hören	35
Wortschatz und Redemittel	36
Schreiben	40
Sprechen	42

Einheit 3 — Alltag und Feste — 45

Lesen	46
Hören	53
Wortschatz und Redemittel	54
Schreiben	58
Sprechen	60

Einheit 4 — Familie und Freunde — 63

Lesen	64
Hören	71
Wortschatz und Redemittel	72
Schreiben	76
Sprechen	78

Einheit 5 Lernen, Ausbildung, Beruf — 81

- Lesen — 82
- Hören — 89
- Wortschatz und Redemittel — 90
- Schreiben — 96
- Sprechen — 98

Einheit 6 Wohnen und Umwelt — 101

- Lesen — 102
- Hören — 109
- Wortschatz und Redemittel — 110
- Schreiben — 116
- Sprechen — 118

Einheit 7 Urlaub, Ferien, Reisen — 121

- Lesen — 122
- Hören — 129
- Wortschatz und Redemittel — 130
- Schreiben — 136
- Sprechen — 138

Einheit 8 Medien und Technologie — 141

- Lesen — 142
- Hören — 149
- Wortschatz und Redemittel — 150
- Schreiben — 154
- Sprechen — 156

Quellen — 159
Trackliste — 160

Prüfungsübersicht

ÖSD Zertifikat A2

Fertigkeit	Input(text)	Überprüfungsdomäne	Testformat und Aufgabentyp	Dauer (in Min.)	Punkte*
LESEN				30	
Aufgabe 1	5 Zeitungstexte / 10 Überschriften	Global- und Detailverstehen	Zuordnung (5 Items)		25
Aufgabe 2	Zeitungstext	Detailverstehen	Mehrfachauswahl (5 Items)		15
					10
HÖREN				15	30
Aufgabe 1	2 Radiomeldungen (einmal hören)	Global- und Detailverstehen	geschlossene Antwortauswahl (8 Items)		10
Aufgabe 2	1 Tonbandtext (zweimal hören)	Detailverstehen selektives Hören	Fill-in-Format (5 Items)		10
Aufgabe 3	5 Kurzinterviews (einmal hören)	Global- und Detailverstehen	offene Antwortauswahl (25 Items)		10
SCHREIBEN				30	15
Aufgabe	persönliches E-Mail	kommunikatives, gelenktes Schreiben	E-Mail nach 4 Vorgaben verfassen bzw. fortsetzen		15
SPRECHEN				15	20
Aufgabe 1	6 Themenbereiche	freies Sprechen (eher) monologisch	über etwas sprechen (sich vorstellen)		10
Aufgabe 2	Text-, Frage- und Bildimpulse	freies Sprechen interaktiv, dialogisch	miteinander sprechen (gemeinsam eine Aufgabe lösen)		10
GESAMT					90

Eine ausführliche Auswertungstabelle finden Sie auf Seite 159.

Prüfungsübersicht

ÖSD KID A2

Fertigkeit		Input(text)	Überprüfungsdomäne	Testformat und Aufgabentyp	Dauer (in Min.)	Punkte*
LESEN					35	25
	Aufgabe 1	7 Situationen / 5 Anzeigen	Global- und Detailverstehen	Zuordnung (7 Items)		10
	Aufgabe 2	Text aus Jugendzeitschrift	Detailverstehen	Mehrfachauswahl (5 Items)		10
	Aufgabe 3	Lückentext	Detailverstehen	Zuordnung Textkonstruktion (5 Items)		5
HÖREN					15	30
	Aufgabe 1	2 Radiomeldungen (einmal hören)	Global- und Detailverstehen	geschlossene Antwortauswahl (8 Items)		10
	Aufgabe 2	1 Tonbandtext (zweimal hören)	Detailverstehen selektives Hören	Fill-in-Format (5 Items)		10
	Aufgabe 3	5 Kurzinterviews (einmal hören)	Global- und Detailverstehen	offene Antwortauswahl (25 Items)		10
SCHREIBEN					30	15
	Aufgabe	persönliches E-Mail	kommunikatives, gelenktes Schreiben	E-Mail nach 4 Vorgaben verfassen bzw. fortsetzen		15
SPRECHEN					15	20
	Aufgabe 1	5 Themenbereiche	freies Sprechen (eher) monologisch	über etwas sprechen (sich vorstellen)		10
	Aufgabe 2	Text, Frage- und Bildimpulse	freies Sprechen interaktiv, dialogisch	miteinander sprechen (gemeinsam eine Aufgabe lösen)		10
GESAMT						90

*Eine ausführliche Auswertungstabelle finden Sie auf Seite 159.

Zur Arbeit mit dem Übungs- und Testbuch

Jede der 8 Einheiten beginnt mit einer Einstiegsseite, die über einen Bildimpuls und eine Wortwolke auf das jeweilige Thema einstimmt und wichtigen Wortschatz präsentiert bzw. festigt und dadurch eine wichtige Vorentlastung darstellt.

So geht´s zu A2: ÖSD Zertifikat / ÖSD KID A2 ist sowohl für Kinder und Jugendliche als auch für Erwachsene konzipiert. Welche der beiden Lernergruppen bzw. dass beide Lernergruppen angesprochen werden, wird bei jeder Prüfungsaufgabe deklariert.

Das differenzierte Angebot an Aufgaben zu *Wortschatz und Redemitteln* befindet sich nach den rezeptiven Prüfungsteilen *Lesen* und *Hören* und vor den produktiven Prüfungsteilen *Schreiben* und *Sprechen*.

So geht´s zu A2: ÖSD Zertifikat / ÖSD KID A2 greift gleiche Themen in verschiedenen Prüfungsaufgaben oder im Teil *Wortschatz und Redemittel* wiederholt auf, um Inhalte aus unterschiedlicher Perspektive zu bearbeiten und so Inhalte, Ausdrucksmöglichkeiten und Wortschatz zu festigen.

So geht´s zu A2: ÖSD Zertifikat / ÖSD KID A2 ist weder an ein Lehrwerk noch an andere Unterrichtsmaterialien gebunden. Es kann unabhängig davon unterrichtsbegleitend eingesetzt werden, eignet sich aber auch hervorragend zur ausschließlichen Prüfungsvorbereitung.

Alle Hörtexte werden online als Download-MP3-Dateien angeboten.

Sport und Freizeit

1

ÖSD KID A2

insgesamt 35 Minuten

LESEN

Aufgabe 1 Blatt 1

10 / 25 Punkte

Lies die folgenden Situationen (1 bis 7) und die Anzeigen (B bis F) auf Blatt 2. Welche Anzeige passt zu welcher Situation? Schreib die Lösung in das Kästchen rechts (siehe Beispiele).

Achtung: Für zwei Situationen findest du KEINE passende Anzeige. Für diese Situationen schreib 0.

Schau dir zuerst die Beispiele an.

Lesestil: global und detailliert
Du musst Hauptaussagen und Details verstehen.

Situationen

Anzeige

Beispiel Nr. 1	Du möchtest mit deiner Familie schwimmen gehen.	A
Beispiel Nr. 2	Du möchtest dir ein Haustier kaufen.	0
1	Du interessierst dich für Tiere aus deiner Heimat und aus anderen Ländern und möchtest sie einmal aus der Nähe sehen.	☐
2	Du darfst kein eigenes Tier haben, aber du möchtest dich um Haustiere kümmern.	☐
3	Du gehst mit deinen Freunden gern ins Kino. Deshalb willst du dich über Filme informieren, die am Wochenende laufen.	☐
4	Du möchtest deine Ferien in einem Sportcamp verbringen.	☐
5	Du möchtest im Sommer eine Reise machen und dabei dein Französisch verbessern.	☐
6	Du bist 12 Jahre alt und dein Bruder ist 9. Ihr möchtet zusammen einen Ballsport lernen.	☐
7	Du spielst gut Tennis und möchtest an einem Turnier teilnehmen.	☐

Hinweis
Lies die Situation genau:
Was suchen die Personen? Such in den Texten nach ähnlichen Wörtern und lies die Anzeigen mit diesen Schlüsselwörtern genauer!

Blatt 2

A) Schwimmpark Salzburg-Süd
1-2-3-Splash!!

DER Sommerspaß – Rutschbahnen für jedes Alter.

- 3 Rutschbahnen für Erwachsene und Kinder neben dem großen Pool
- 1 Rutschbahn für Kleinkinder neben dem Spielpool

Mauermannstraße 25–30
info@schwimmpark-salzburg-süd.at

B) bern cinephil

Ab Samstag neu im Kino: „Mein verrückter Onkel – 3"
Der Spaß für Jung und Alt geht weiter! Auch der dritte Teil dieser Komödie ist nur zum Lachen!

info@bern-cinephil.ch

C) Tierpark Bergstetten

Bei uns kann man circa 200 heimischen und exotischen Tieren ganz nah sein. Tiger, Zebras, Affen, aber auch Pferde, Ziegen, Hunde und viele andere Haustiere leben in diesem kleinen Paradies.

www.tierpark-bergstetten.ch

D) Sprachferien für Jugendliche

Hast du Lust, deine Sommerferien in Frankreich zu verbringen?
- Intensivkurse am Morgen
- Hausaufgaben in kleinen Gruppen
- attraktives Sport- und Freizeitprogramm am Nachmittag

Erkundige dich über unsere Angebote:
info@sprachferien-frankreich.at

E) Tennis-Club Victoria e. V. Dortmund Deusen

Anfängerkurse für Kinder (5–10 Jahre), für Jugendliche (11–18 Jahre) sowie für gemischte Gruppen.

mehr Informationen unter:
tcvictoria@dodeusen.de

F) Tierheim sucht Tierfreunde

Du liebst Tiere und hast Lust, in deiner Freizeit mit Hunden spazieren zu gehen, Tiere zu füttern und mit ihnen zu spielen?
Dann komm zu uns!

Tierheim Arche
Mittelweg 184
04347 Leipzig

ÖSD Zertifikat A2

insgesamt 30 Minuten

LESEN

Aufgabe 1 Blatt 1

15 / 25 Punkte

Lesen Sie die 10 Überschriften auf Blatt 1 und die 5 Texte auf Blatt 2. Suchen Sie dann zu jedem Text (1 bis 5) die passende Überschrift (A bis K) und schreiben Sie den Buchstaben auf die Linie über dem Text (1 Überschrift: ___).

Pro Text gibt es nur eine richtige Lösung.

Lesestil: global und detailliert
Sie müssen Hauptaussagen und auch Aussagen im Detail verstehen.

A Extremsport nicht so gefährlich wie viele meinen

B Wanderurlaub mit verschiedenen Attraktionen

C Immer weniger Leute interessieren sich für Bücher

D Übernachten für Gruppen in der freien Natur

E Bücher gratis lesen

F Für Familien – Unterkunft und Natur erleben

G Fußball am beliebtesten

H Hobbys und Attraktivität

I Eine Woche zu Fuß unterwegs

K Fitness für Frauen und Kinder

Hinweise
- Suchen Sie nach Schlüsselwörtern und lesen Sie die Texte mit diesen Schlüsselwörtern genauer.
- Suchen Sie in den Texten nach ähnlichen Wörtern bzw. Synonymen wie in der Aufgabe (z.B. hier „gratis" und „kostenlos").

Sport und Freizeit

Blatt 2

1 Überschrift: _____

Der 285 Kilometer lange Kammweg ist ein Fernwanderweg und verbindet die vier Urlaubsregionen Erzgebirge, Vogtland, Franken und Thüringen miteinander. Während der 14 Tagesetappen steigt man auf die höchsten Gipfel des Erzgebirges und des Vogtlandes. Außerdem kann man einen Alpen-Zoo, ein Käsemuseum und ein Spielzeugdorf besuchen.
Infotelefon: 868 536 73

(aus einer deutschen Zeitung)

2 Überschrift: _____

Lesen, das beliebte Hobby für drinnen und draußen. Manche lieben die traditionelle Form des Buches, andere sind Fans von E-Books. Es gibt viele Bibliotheken, in denen man Bücher kostenlos ausleihen kann. Was interessant ist: Wien hat sogar virtuelle Büchereien, wo man rund um die Uhr digitale Medien bekommt. Mehr unter: *www.wien_bibliotheken_onleihe.at*

(von einer österreichischen Website)

3 Überschrift: _____

Dank einer Studie wissen wir jetzt, welche Hobbys Männer bei Frauen besonders faszinierend finden. Für Männer ist das Aussehen sehr wichtig. So gaben 55 Prozent der befragten Männer an, dass sie Fitness und Joggen als Hobby bei einer Frau besonders toll finden. Lesen folgt auf Platz 3 der Hitliste. Das Resultat: Hobbys mit Körper und Köpfchen machen Frauen attraktiv.

(von einer deutschen Website)

4 Überschrift: _____

In unserem Wanderhotel erwarten Sie ein Fitnessbereich mit Sauna für die Großen und ein Abenteuerspielplatz für die Kleinen. Auch für die Betreuung Ihrer Kinder ist gesorgt. Vorbei an grünen Wiesen und langen Flüssen finden Sie zahlreiche Wandertouren.
Informationen: *www.wander_hotel.at*

(von einer österreichischen Website)

5 Überschrift: _____

Wie gefährlich ist Sport? Allgemein gilt: Sport ist gesund, wenn man sich gut darauf vorbereitet und genug trainiert. Allerdings: Circa 250.000 Menschen kommen jährlich nach Sportunfällen ins Krankenhaus. An der Spitze stehen aber nicht die klassischen Extremsportarten. Fußball führt mit Abstand, gefolgt von Alpinskifahren und Radfahren. Extremsport ist nicht unter den Top-Ten der gefährlichsten Sportarten.

(von einer deutschen Website)

LESEN

insgesamt 30 Minuten

Aufgabe 2 Blatt 1

Lesen Sie / Lies zuerst den folgenden Text.
Lösen Sie / Löse dann die 5 Aufgaben auf Blatt 2.

Digitale Fitness

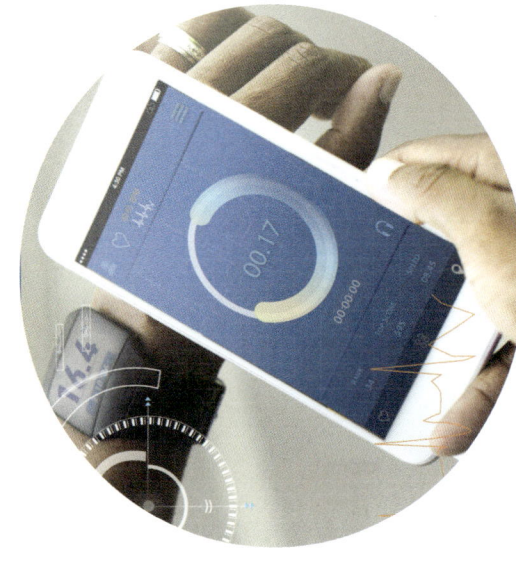

Fabian gehört zu den Deutschen, die auf ihre Gesundheit und Fitness achten und deshalb Sport machen. Dabei hilft das Smartphone heute sehr. Fabian möchte vor allem kräftiger werden und seine Figur verbessern. Wenn er joggen geht, ist er mit einer Lauf-App unterwegs. Sie zeigt die Länge der Strecke, die Zeit, die man braucht und die Zahl der Schritte. Die Ergebnisse kann der 17-Jährige mit anderen Nutzern teilen.

Der sportliche Berliner gehört zu den 57 Prozent der Deutschen, die Fitness- oder Gesundheits-Apps nutzen. 33 Prozent der Menschen in Deutschland bezahlen sogar für solche Apps, die es zu jedem Preis gibt. Nur wenige Deutsche sind gegen Apps.

Fabian trainiert mit Online-Tutorials und YouTube-Videos. Mit Hilfe von Online-Trainern kennt er inzwischen alle unterschiedlichen Formen von Push-ups, Trainings-Videos mit lebensechten Avataren* helfen ihm beim Bauch-, Bein- und Brustmuskeltraining.

* der Avatar: eine virtuelle Figur

Und so funktioniert es: Der Nutzer wählt einen Avatar und ein spezielles Trainingsprogramm. Die Übungen von diesem Programm sind zuerst leicht, dann aber immer schwieriger. Dabei ist es egal, ob man das Training zu Hause, im Fitness-Studio oder draußen macht.

Positiv ist also, dass Fitness-Apps mit ihren modernen Programmen helfen können, sportlicher und gesünder zu werden. Das Problem dabei ist aber, dass nur Apps mit hoher Qualität nützlich sind und deshalb auch teuer. Doch oft weiß ein Hobby-Sportler nicht, welche App gut und welche schlecht ist.

(aus einer österreichischen Zeitung)

Sport und Freizeit 1

Blatt 2

Markieren Sie / Markiere die richtige Antwort (A oder B oder C).
Für jede Aufgabe (1 bis 5) gibt es nur eine richtige Lösung (siehe Beispiel).

Beispiel

0   Fabian macht Sport, weil …
- [A] andere Deutsche es auch machen.
- [B̶] er eine bessere Figur haben möchte.
- [C] ihm das Smartphone dabei hilft.

1   Die App zeigt zum Beispiel, …
- [A] wie schnell man laufen sollte.
- [B] wie viele Meter man läuft.
- [C] wie weit man laufen darf.

2   57 Prozent der Deutschen …
- [A] geben für Fitness-Apps Geld aus.
- [B] sind gegen Fitness-Apps.
- [C] verwenden Fitness-Apps.

3   Fabian …
- [A] hat von Online-Trainern Push-ups gelernt.
- [B] macht YouTube-Fitness-Videos.
- [C] trainiert am liebsten seine Beinmuskeln.

4   Der Nutzer …
- [A] kann an verschiedenen Orten trainieren.
- [B] kann mit seinem Avatar sprechen.
- [C] wechselt immer zwischen leichten und schweren Programmen.

5   Die Fitness-Apps …
- [A] bekommt man meistens zu einem günstigen Preis.
- [B] haben nicht immer die gleiche Qualität.
- [C] helfen, wenn man Schmerzen hat.

15

LESEN

ÖSD KID A2

insgesamt 35 Minuten

5 / 25 Punkte

Aufgabe 3

Situation: Du liest in einer Jugendzeitschrift folgenden Text.
Der Text hat fünf Lücken (1 bis 5).
Finde für jede Lücke das passende Wort und schreib es hinein!

Achtung: Es gibt ein paar Wörter zu viel!

AUF DEM EINRAD DURCH DIE STADT

Sein erstes Einrad (0) _bekommt_ Mimo Seedler mit acht Jahren von seinem Vater. Fünf Jahre später nimmt er an der Weltmeisterschaft Unicon teil. Dabei holt er in der Rubrik *Hindernisse in der Natur* die Goldmedaille.

Sein Trainer ist sein Vater, der selbst Einradfahrer ist. Für Mimo (1) _____ Einradfahren aber viel mehr als Artistik. Ein Einradfahrer (2) _____ in vielen Dingen gut sein: Er fährt im freien Gelände, zeigt schwierige Übungen zu Musik, (3) _____ Basketball in einer Einrad-Mannschaft und fährt Sprint auf 100 Metern oder Langstrecken von 10 bis 40 Kilometern auf Zeit.

Mimo (4) _____ draußen oder in der Halle. Außerdem (5) _____ er in seinem Fanclub in den sozialen Netzwerken Tipps und bekommt dort auch viele Ratschläge.

spielt	
zeigt	
~~bekommt~~	
braucht	
geht	
ist	
trainiert	
hat	
muss	
gibt	

16

Sport und Freizeit

ÖSD Zertifikat A2 | ÖSD KID A2

HÖREN

insgesamt 15 Minuten

Aufgabe 1

Lesen Sie / Lies die Aufgabe 1 gut durch. Sie haben / Du hast 30 Sekunden Zeit.
Situation: Im Radio hören Sie / hörst du 2 verschiedene Texte mit dem gleichen Inhalt.
Hören Sie / Hör gut zu und markieren Sie / markiere die Antworten. Es gibt vier richtige Antworten.
Sie hören / Du hörst die Texte einmal.

10 / 30 Punkte

Was ist der Lieblingssport der Österreicherinnen und Österreicher?

☐ Skifahren ☐ Tennis ☐ Schwimmen ☐ Laufen

☐ Fitness-Training ☐ Radfahren ☐ Fußball ☐ Wandern

Aufgabe 2

Lesen Sie / Lies die Aufgabe 2 gut durch. Sie haben / Du hast 30 Sekunden Zeit.
Situation: Sie hören / Du hörst folgende Nachricht. Hören Sie / Hör gut zu und schreiben Sie / schreib die wichtigsten Informationen auf. Sie hören / Du hörst den Text zweimal.

10 / 30 Punkte

Notizen – Kinobesuch

Tag: _____

Wann: _____ um _____ Uhr   Kartenpreis: _____ Euro

Kino ist in der: _____ straße   Telefonnummer: 0664 / _____

Aufgabe 3

Lesen Sie / Lies die Aufgabe 3 gut durch. Sie haben / Du hast 30 Sekunden Zeit.
Situation: Sie hören / Du hörst ein Interview, bei dem fünf Personen befragt werden.
Hören Sie / Hör gut zu und kreuzen Sie / kreuze die richtigen Antworten an.
Pro Person sind mehrere Antworten möglich. Sie hören / Du hörst die Texte einmal.

10 / 30 Punkte

Was machen Sie in Ihrer Freizeit?

	Sport	mich ausruhen	Freunde treffen	am Computer Filme sehen	Natur
1 Sprecherin					
2 Sprecher					
3 Sprecherin					
4 Sprecher					
5 Sprecherin					

WORTSCHATZ UND REDEMITTEL

1 Ordnen Sie die Freizeitaktivitäten und Sportarten den Fotos zu.

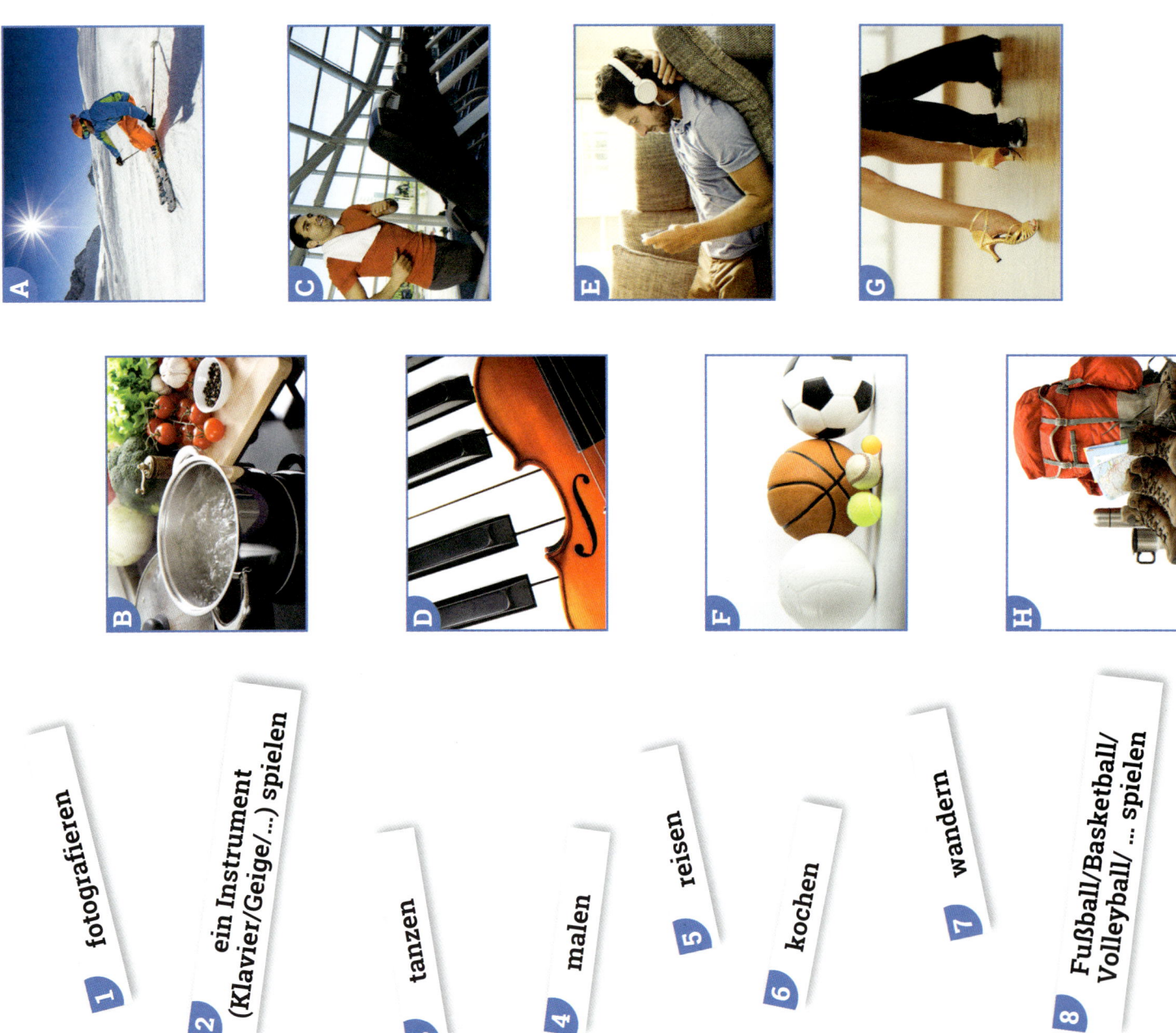

1. fotografieren
2. ein Instrument (Klavier/Geige/…) spielen
3. tanzen
4. malen
5. reisen
6. kochen
7. wandern
8. Fußball/Basketball/Volleyball/… spielen

Sport und Freizeit 1

9 lesen

10 Ski fahren

11 ins Kino / ins Theater / in die Oper / ... gehen

12 ins Fitness-Studio gehen

13 Musik hören

14 schwimmen

2 Kennen Sie noch weitere Freizeitaktivitäten und Sportarten? Notieren Sie.

Ausflüge machen, Rad fahren, ...

1	2	3	4	5	6	7	8	9	10	11	12	13	14
L													

WORTSCHATZ UND REDEMITTEL

3 Was passt zusammen? Ordnen Sie zu.

1 zwei Tennisspieler / fünf Basketballspieler / elf Fußballspieler: ☐
2 hier kann man drinnen sein und z.B. turnen oder Basketball und Volleyball spielen: ☐
3 Wasserski, Wasserball und Tauchen: ☐
4 hier kann man draußen sein und z.B. Fußball spielen und laufen: ☐
5 man spielt gegen andere: ☐

a der Wettkampf
b der Sportplatz
c die Mannschaft
d die Sporthalle
e Wassersportarten

4 Zeit für Hobbys und Sportarten. Ordnen Sie zu.

am Morgen/Nachmittag/Abend • einmal/zweimal/dreimal/… • in der Woche / am Tag • (immer) morgens/nachmittags/abends • so oft ich Zeit habe • am Wochenende • von 18.00 Uhr bis 19.30 Uhr • am Montag/Dienstag/Mittwoch/Donnerstag/Freitag/Samstag/Sonntag • (ungefähr) eine Stunde • jeden Tag / jeden zweiten Tag / jeden Abend / … • täglich zwei Stunden • von halb neun bis zehn

Wann?

am Morgen/Nachmittag/Abend,…

Wie oft?

Wie lange?

Sport und Freizeit

5 Hobbys und Ausrüstung. Was braucht man für diese Hobbys? Ordnen Sie zu.

1 ins Fitness-Studio gehen ☐
2 Tennis spielen ☐
3 fotografieren ☐
4 Musik hören ☐
5 Rad fahren ☐
6 kochen ☐
7 schwimmen ☐
8 wandern ☐

a Zutaten, Messer, Töpfe und Pfannen
b CDs und CD-Player, Lautsprecher, MP3-Player
c Sportschuhe, Sporthose, T-Shirt/Trikot
d Badeanzug/Badehose, Schwimmbrille und Handtuch
e Wanderschuhe und Rucksack
f Tennisschläger, Tennisbälle, Tenniskleidung und Tennisschuhe
g Digitalkamera und Speicherkarte
h Fahrrad und Helm

6 Gründe für ein Hobby. Was ist wichtig für Sie? Kreuzen Sie an. Können Sie noch etwas ergänzen?

☐ es ist interessant
☐ ich lerne andere Länder und Kulturen kennen
☐ ich entspanne mich
☐ ☐

☐ es ist gefährlich
☐ ich mache es mit anderen Menschen / Freunden
☐ ich bleibe fit

☐ es ist kreativ
☐ es ist ein Mannschaftssport
☐ ich bin in der Natur

7 Erzählen Sie von sich.

Ich mache Sport. Ich spiele … / Ich fahre … / Ich …
Mein Hobby ist …
Ich gehe ins … / in die …
Das mache ich am … / von … bis / einmal/zweimal/ … in der Woche / …
Dieses Hobby / Diese Sportart ist … und …
Mir gefällt dieses Hobby / diese Sportart / dieser Sport, weil/denn …

Ich mache Sport. Ich spiele Basketball. Mir gefällt dieser Sport, denn es ist ein Mannschaftssport. …

SCHREIBEN

Schreibaufgabe Blatt 1

15 / 15 Punkte

Situation: Sie bekommen / Du bekommst von Ihrem/deinem Freund Daniel folgendes E-Mail:

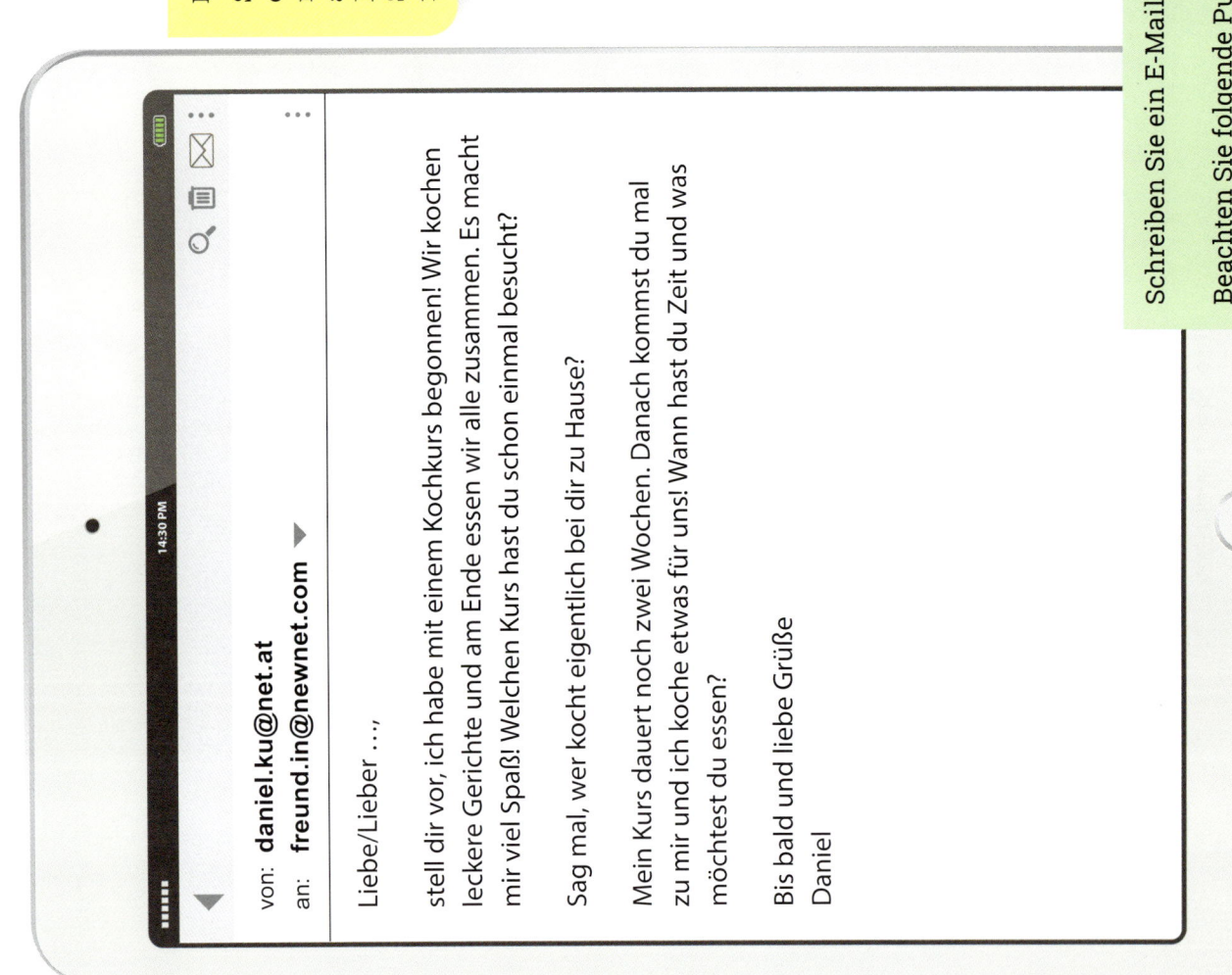

von: **daniel.ku@net.at**
an: **freund.in@newnet.com**

Liebe/Lieber …,

stell dir vor, ich habe mit einem Kochkurs begonnen! Wir kochen leckere Gerichte und am Ende essen wir alle zusammen. Es macht mir viel Spaß! Welchen Kurs hast du schon einmal besucht?

Sag mal, wer kocht eigentlich bei dir zu Hause?

Mein Kurs dauert noch zwei Wochen. Danach kommst du mal zu mir und ich koche etwas für uns! Wann hast du Zeit und was möchtest du essen?

Bis bald und liebe Grüße
Daniel

Hinweis

Sie können sich zu den Fragen Notizen machen. Schreiben Sie aber nicht das ganze Mail zweimal!
Sie haben insgesamt nur 30 Minuten Zeit.

Schreiben Sie ein E-Mail an Daniel (Blatt 2).

Beachten Sie folgende Punkte:
- Schreiben Sie circa 50 Wörter.
- Beantworten Sie alle Fragen.
- Schreiben Sie einen Gruß am Ende.

Sport und Freizeit 1

Blatt 2

Schreiben Sie / Schreib das E-Mail weiter und beantworten Sie / beantworte die Fragen am Rand.

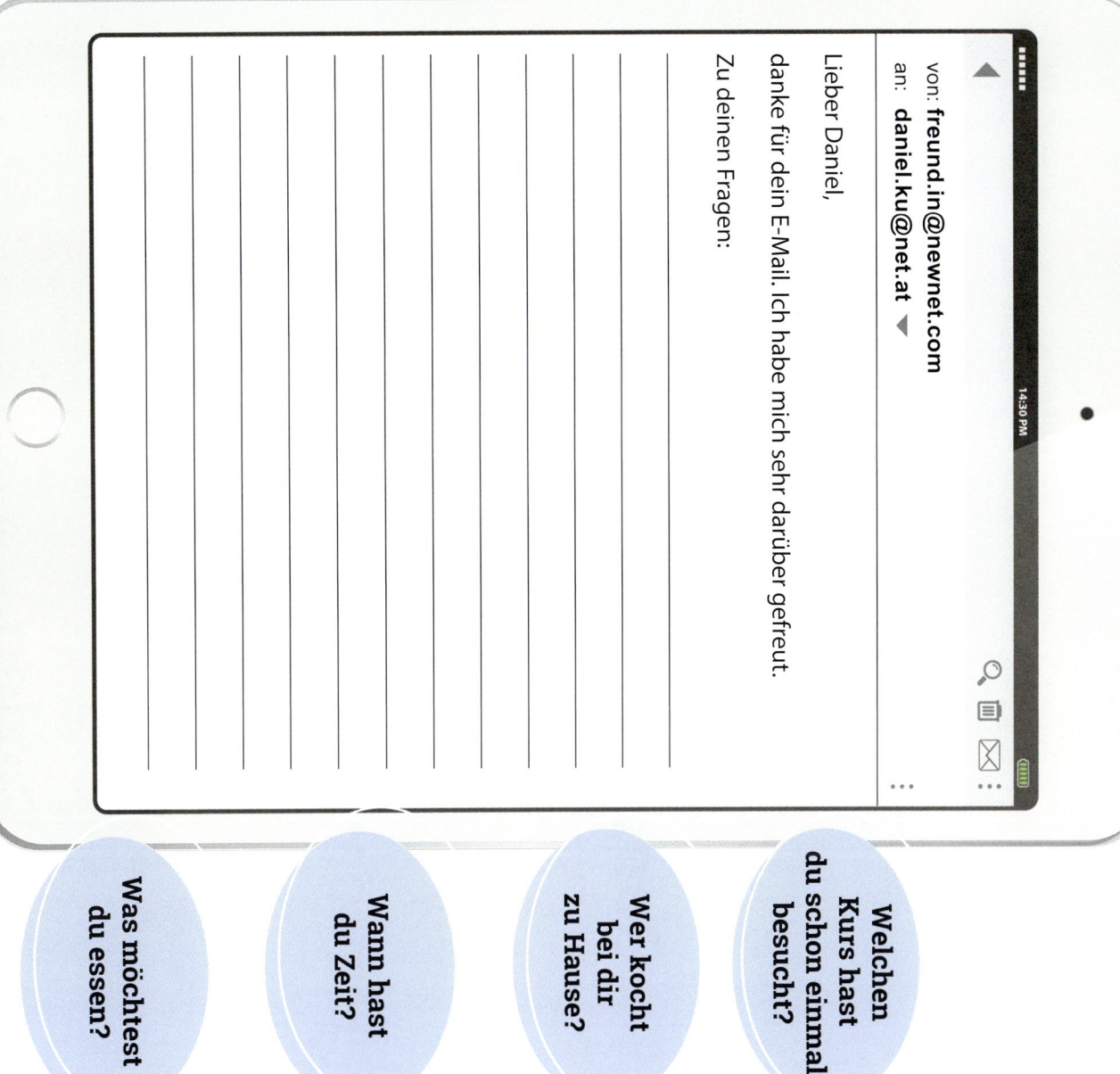

von: **freund.in@newnet.com**
an: **daniel.ku@net.at** ▼

Lieber Daniel,

danke für dein E-Mail. Ich habe mich sehr darüber gefreut.

Zu deinen Fragen:

- Welchen Kurs hast du schon einmal besucht?
- Wer kocht bei dir zu Hause?
- Wann hast du Zeit?
- Was möchtest du essen?

ÖSD KID A2

insgesamt 15 Minuten

SPRECHEN

Aufgabe 1 Sprich über dich

10 / 20 Punkte

Situation: Du ziehst in der Prüfung 5 Karten. Auf jeder Karte steht ein Thema. Sprich zu diesem Thema und erzähle etwas über dich (zu jedem Thema ein paar Sätze). Deine Gesprächspartnerin / Dein Gesprächspartner kann dir zu den Themen auch Fragen stellen.

ÖSD KID A2	Sprechen Teil 1
Farben	

ÖSD KID A2	Sprechen Teil 1
Essen und Trinken	

ÖSD KID A2	Sprechen Teil 1
Ferien	

ÖSD KID A2	Sprechen Teil 1
Computer	

ÖSD KID A2	Sprechen Teil 1
Hausaufgaben	

Mögliche Antworten:
In den Ferien fahre ich …
Ich gehe schwimmen, ich …

Beispiel
ÖSD KID A2	Sprechen Teil 1
Ferien	

Sport und Freizeit

1

ÖSD Zertifikat A2

insgesamt 15 Minuten

Aufgabe 1 Sich vorstellen

10 / 20 Punkte

Situation: Ihre Gesprächspartnerin / Ihr Gesprächspartner möchte Sie gerne kennenlernen. Sie erhalten ein Blatt mit 6 Fragen zu Ihrer Person. Wählen Sie 5 Themen aus und sprechen Sie darüber (zu jedem Thema ein paar Sätze). Ihre Gesprächspartnerin / Ihr Gesprächspartner wird Ihnen zu diesen Themen auch Fragen stellen.

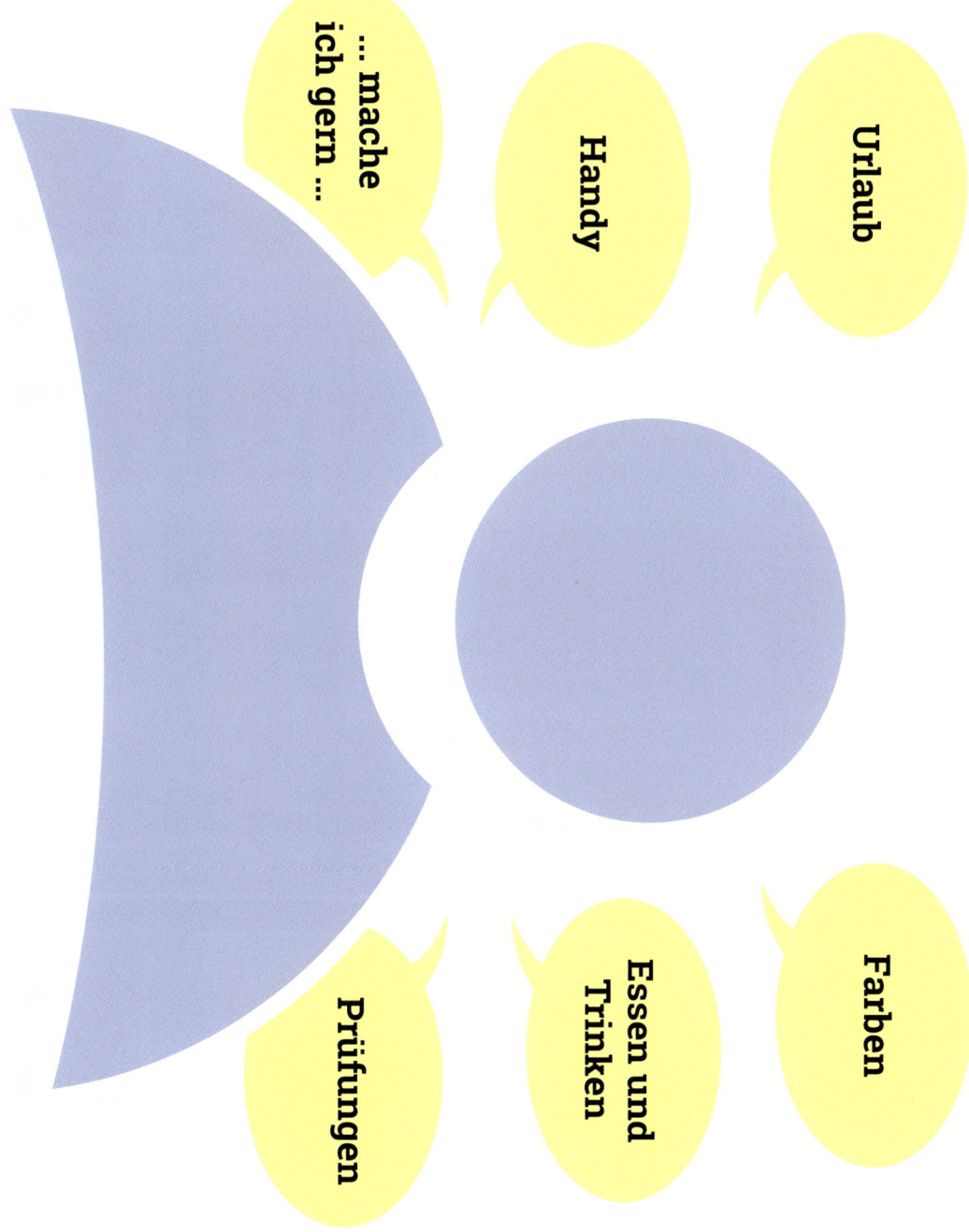

- Urlaub
- Handy
- … mache ich gern …
- Farben
- Essen und Trinken
- Prüfungen

25

SPRECHEN

Aufgabe 2 Gemeinsam eine Aufgabe lösen 10 / 20 Punkte

ÖSD Zertifikat A2   insgesamt 15 Minuten

Situation: Sie möchten mit Ihrer Gesprächspartnerin / Ihrem Gesprächspartner zusammen mit einer neuen Sportart beginnen. Sie haben sich dazu Fragen notiert. Besprechen Sie die Fragen mit Ihrer Gesprächspartnerin / Ihrem Gesprächspartner.
Bereiten Sie sich auf das Gespräch vor. Sie haben dafür 10 Minuten Zeit.

ÖSD KID A2   insgesamt 15 Minuten

Situation: Du möchtest mit deiner Gesprächspartnerin / deinem Gesprächspartner zusammen mit einer neuen Sportart beginnen. Sprich mit deiner Gesprächspartnerin / deinem Gesprächspartner darüber, was ihr machen wollt. Hast du noch andere Ideen oder Fragen?
Bereite dich auf das Gespräch vor. Du hast dafür 10 Minuten Zeit.

Hinweise
- Notieren Sie in der Vorbereitungszeit nur Stichwörter und nicht ganze Sätze oder Texte. Während der Prüfung dürfen Sie Ihre Notizen benutzen, sollen aber möglichst frei sprechen und nicht vom Blatt ablesen.
- Kurz vor Beginn der mündlichen Prüfung können Sie Ihre Gesprächspartnerin / Ihren Gesprächspartner fragen, ob Sie sich duzen wollen. Sprechen Sie aber bitte nicht per Du, bevor er/sie Ihnen die Erlaubnis dazu gibt.

Neue Sportart beginnen

Welche Sportart?

Schwimmen?

Basketball?

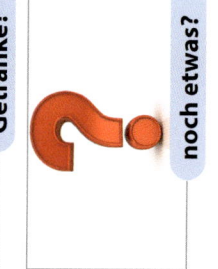
Tanzen?

Wann? Wo?

Tag(e)?

Uhrzeit?

Wo?

Wie hinkommen?

U-Bahn?

Bus?

Fahrrad?

Was mitnehmen?

Sportkleidung?

Getränke?

noch etwas?

Gesund leben – gesund bleiben

2

LESEN

ÖSD KID A2

insgesamt 35 Minuten

Aufgabe 1 Blatt 1

10 / 25 Punkte

Lies die folgenden Situationen (1 bis 7) und die Anzeigen (B bis F) auf Blatt 2. Welche Anzeige passt zu welcher Situation? Schreib die Lösung in das Kästchen rechts (siehe Beispiele).

Achtung: Für zwei Situationen findest du KEINE passende Anzeige. Für diese Situationen schreib 0.

Schau dir zuerst die Beispiele an.

Situationen   Anzeige

Beispiel Nr. 1	Du möchtest gesünder leben. Du suchst eine Zeitschrift, die zu diesem Thema Informationen gibt.	A
Beispiel Nr. 2	Deine Freundin liebt Blumen aus der ganzen Welt. Du möchtest mit ihr zu einer Blumenmesse gehen.	0
1	Deine Mutter möchte neue Rezepte für gesundes Essen ausprobieren und sucht einen passenden Kurs.	☐
2	Du wohnst im Stadtzentrum und möchtest in deiner Freizeit Kontakt zur Natur haben.	☐
3	Dein Vater möchte in seiner Freizeit mehr Sport machen. Du suchst ein Fitness-Studio für ihn.	☐
4	Dein 14-jähriger Bruder interessiert sich für Kochen. Er hat bald Geburtstag und du suchst ein Geschenk für ihn.	☐
5	Deine Mutter hat viel Stress bei der Arbeit und möchte etwas dagegen tun.	☐
6	Deine 15-jährige Schwester findet Kochen sehr interessant und sucht einen Kochkurs.	☐
7	Du möchtest am Wochenende mit deiner Familie essen gehen. Du isst aber kein Fleisch.	☐

Gesund leben – gesund bleiben

Blatt 2

A — Vital und fit

Alles rund um das Thema Gesundheit. *Vital und fit* gibt es jeden Monat als Heft oder digital. Mit wertvollen Tipps für einen Alltag mit Energie! Nutzen Sie auch die Abo-Vorteile!

www.gesund-leben.de

B — Yogilates – der neue Trend

Das beste Training für Körper und Geist. Die Kombination aus Yoga und Pilates sorgt für Entspannung und hilft gegen Stress. Yogilates kann man fast überall und zu jeder Zeit machen.

www.yogilates.at

C — Botanischer Garten *Grüne Oase*

Auf 38 Hektar können Sie Pflanzen aus aller Welt sehen. Unser Botanischer Garten bietet idyllische Wege und Ecken zum Spazierengehen und Ausruhen. Hunde und Fahrrad fahren sind nicht erlaubt.

Eintritt frei

Mehr Infos unter:
info@grüne-oase.ch

D — Kochwerkstatt IssKlug

Mediterran, vegan, Sushi oder exotisch – wir kochen gesund und lecker! Kochkurse für Erwachsene bei IssKlug

Jedes Mal ein anderes Gericht. Die Lebensmittel sind im Preis inklusive.

Lessingstraße 18
6020 Innsbruck

www.issklug-innsbruck.at

E — Restaurant Am Schloss

Wir bieten leckere Gerichte und gute Weine in einer gemütlichen Atmosphäre. Mittwochs und sonntags haben wir unsere vegetarischen Tage. Unsere Produkte kommen von Bio-Bauern und Bio-Weingütern aus der Region.

Breitenbachstraße 9
69126 Heidelberg-Emmertsgrund
06221-578 3195

F — Kochen mit Mia

Das ideale Kochbuch für Kinder ab 10 Jahren. Mia, die kreative Katze, gibt Tipps und zeigt leichte Rezepte zum Mitkochen.

28 Seiten mit vielen Fotos

Preis: 12,50 Euro

Auch Online-Bestellung möglich:
www.mia-kreativ-kochen.at

29

LESEN

ÖSD Zertifikat A2

insgesamt 30 Minuten

Aufgabe 1 Blatt 1

15 / 25 Punkte

Lesen Sie die 10 Überschriften auf Blatt 1 und die 5 Texte auf Blatt 2. Suchen Sie dann zu jedem Text (1 bis 5) die passende Überschrift (A bis K) und schreiben Sie den Buchstaben auf die Linie über dem Text (1 Überschrift: ___).

Pro Text gibt es nur eine richtige Lösung.

A Schlaftraining hilft nicht

B Mit diesen 300 Lachübungen zum Erfolg

C Gutes Mittel gegen Stress

D So finden Sie den richtigen Schlaf

E Zu viel Sport macht krank

F Urlaub ohne technische Geräte

G Ab 35: Männer öfter beim Arzt als Frauen

H Meditations- und Yogakurse im Internet

I Arbeitsleistung wird durch Lachen besser

K Krankenkasse zahlt für Gesundheitskontrolle

Gesund leben – gesund bleiben

Blatt 2

1 Überschrift: _____

Seit diesem Jahr bietet die Allgemeine Krankenkasse für ihre Mitglieder alle zwei Jahre einen kostenlosen Gesundheitscheck für Personen über 35 an. Dazu gehören eine ärztliche Untersuchung und ein ärztliches Beratungsgespräch. Wer regelmäßig sein Herz, seinen Magen und seine Zähne untersuchen lässt, kann Krankheiten früh erkennen und rechtzeitig etwas dagegen tun.

(von einer deutschen Website)

2 Überschrift: _____

Studien zeigen, dass durch intensives Lachen – wie man es beim Lach-Yoga trainiert und tut – Stress weniger wird. Durch Lach-Yoga-Übungen am Arbeitsplatz sind Arbeitnehmer deshalb zum Beispiel produktiver. Beim Lachen bewegen sich bis zu 300 verschiedene Muskeln. Lachen ist wie Joggen für den Organismus und tut auch der Psyche gut. Menschen, die oft lachen, sind deshalb gesünder und froher.

(aus einer Schweizer Zeitung)

3 Überschrift: _____

Dank einer Studie wissen wir jetzt, welche Sportarten bei Stress helfen: An erster Stelle steht Gerätetraining, bei dem man alle Muskeln gleichermaßen trainiert. Wollen Sie eher langsam und ruhig Ihren Stress reduzieren, sollten Sie nach dem Motto „In der Ruhe liegt die Kraft" Thai Chi machen. Beide Methoden können Sie in allen städtischen Fitness-Centern erlernen.

(von einer österreichischen Website)

4 Überschrift: _____

Gut schlafen: Das klingt so einfach und kann doch so schwer sein. Das erleben und berichten immer mehr Menschen. In unserer Broschüre *Gute Nacht* informieren wir Sie, wie Sie mit verschiedenen Techniken tief und ruhig schlafen und so Entspannung finden. Denn nur wer nachts gut schläft, wacht morgens erholt auf und ist tagsüber fit.
Weitere Informationen: www.mein-arztbook.de

(von einer österreichischen Website)

5 Überschrift: _____

Vorarlberg zeigt, wie man richtig „abschalten" kann. Schon mehr als zwölf Hotels sind Offline-Unterkünfte: In den Zimmern und in den Gemeinschaftsräumen gibt es keinen Internetzugang, keinen Fernseher, kein Radio und auch kein Telefon. Das gesamte Hotel ist handyfreie Zone. Dafür warten besondere Angebote wie Yoga, Meditation, Spaziergänge oder Bücher und Brettspiele auf die Gäste.
Mehr Informationen unter: www.offlineurlaub-arlberg.at

(von einer österreichischen Website)

31

LESEN

insgesamt 30 Minuten

Aufgabe 2 Blatt 1

Lesen Sie / Lies zuerst den folgenden Text.
Lösen Sie / Löse dann die 5 Aufgaben auf Blatt 2.

10 / 25 Punkte

Ein neuer alter Trend – Der Schrebergarten

Der Leipziger Arzt Dr. Moritz Schreber (1808–1861) interessierte sich für die Gesundheit von Stadtkindern aus armen Familien. Gesund sein bedeutete für ihn Natur und Bewegung, die diese Menschen in ihren dunklen Wohnvierteln nicht hatten. Außerhalb der Stadt gab es Plätze, wo er kleine Gärten für sie einrichtete. Ein Garten war neben dem anderen. Die Kinder spielten an der frischen Luft und die Eltern pflanzten Obstbäume und Gemüse. So hatten die Familien immer etwas Gesundes zu essen.

Solche „Schrebergärten"* gibt es bis heute. Anders als damals ist, dass man dafür etwas Miete bezahlen muss. Noch vor wenigen Jahren hatten meistens ältere Menschen einen Schrebergarten. Die Jüngeren haben „so ein Stückchen Land" langweilig gefunden.

Doch das hat sich in der letzten Zeit sehr geändert. Viele junge Stadtmenschen wünschen sich mehr Kontakt zur Natur und möchten einen Schrebergarten. Und deshalb gibt es oft mehr Interessenten als Schrebergärten und man muss lange warten, bis man einen bekommt.

Hannah und Stefan Mars mit ihren beiden Kindern sind seit ein paar Monaten endlich glückliche Schrebergarten-Mieter. Nirgends fahren Autos. Mit den Nachbarn frühstücken sie öfter zusammen. „Überall die schönen Bäume und Blumen, dazu diese Ruhe – wunderbar!" sagt Hannah. „Und ich liebe die Gartenarbeit!" Sie lacht. „Nur ich! Dafür erledigen mein Mann und die Kinder die Einkäufe. So gefällt es uns allen!"

(aus einer deutschen Zeitung)

* Weil Dr. M. Schreber die Idee hatte, Gärten außerhalb der Stadt einzurichten, wurden sie nach ihm benannt.

Gesund leben – gesund bleiben

Blatt 2

Markieren Sie / Markiere die richtige Antwort (A oder B oder C).
Für jede Aufgabe (1 bis 5) gibt es nur eine richtige Lösung (siehe Beispiel).

Beispiel

0 Dr. Moritz Schreber ...
- A hatte Gesundheitsprobleme.
- B ⊠ organisierte Gärten für Arme.
- C wollte mehr Grün in der Stadt.

1 In den ersten Gärten ...
- A konnten arme Stadtkinder gesund leben.
- B mussten die Kinder viel arbeiten.
- C wollten die Familien ihre Produkte verkaufen.

2 Bis vor Kurzem waren Schrebergärten ...
- A besonders bei älteren Menschen beliebt.
- B ein Wunsch von Jung und Alt.
- C weit draußen auf dem Land.

3 In den letzten Jahren ...
- A finden Interessenten schnell einen Schrebergarten.
- B hätten auch junge Leute aus der Stadt gern einen Schrebergarten.
- C wird das Angebot an Schrebergärten kleiner.

4 Familie Mars ...
- A ärgert sich über den Autolärm.
- B hat ihren Garten schon lange.
- C unternimmt Dinge mit den Nachbarn.

5 Hannah Mars ...
- A findet das Schrebergarten-Leben zu langweilig.
- B kauft gerne mit der Familie ein.
- C kümmert sich allein um den Garten.

LESEN

ÖSD KID A2

insgesamt 35 Minuten

Aufgabe 3

5 / 25 Punkte

Situation: Du liest in einer Jugendzeitschrift folgenden Text.
Der Text hat fünf Lücken (1 bis 5).
Finde für jede Lücke das passende Wort und schreib es hinein!

Achtung: Es gibt ein paar Wörter zu viel!

Energy-Drinks – klein, aber gefährlich

Energy-Drinks (0) _kennt_ eigentlich jeder. Besonders bei Jugendlichen ist dieses Getränk sehr beliebt, denn es (1) _____ wach und fit. Und da beginnt das große Problem.

In einer Flasche oder Dose eines Energy-Drinks gibt es ca. 80 Milligramm Koffein – das (2) _____ so viel wie in einer Tasse Espresso!

Außerdem hat ein Getränk viel Zucker (11%), denn es gibt auch Koffein und das (3) _____ bitter.

Doch das Koffein zusammen mit dem Zucker sind zum Beispiel für das Herz sehr schädlich. Hinzu kommt, dass ein Energy-Drink nicht viel (4) _____ und die Jugendlichen deshalb diese Getränke leicht kaufen können.

Weil die aber gefährlich für die Gesundheit sind, meinen viele Pädagogen, Ärzte und Eltern, dass man den Verkauf von Energy-Drinks an Jugendliche verbieten (5) _____ .

- ist
- bezahlt
- macht
- diskutiert
- kostet
- muss
- ~~kennt~~
- kann
- schmeckt
- bleibt

Hinweis

Lies die Überschrift und den Text.
Lies dann die Wörter. Ergänze den Text zuerst mit den Wörtern, wo du sicher bist.
Danach überlegst du und schreibst die anderen Wörter in die Lücken.

Gesund leben – gesund bleiben

ÖSD Zertifikat A2   ÖSD KID A2

HÖREN

insgesamt 15 Minuten

Aufgabe 1

10 / 30 Punkte

Hörstil: global und detailliert
Sie müssen Hauptaussagen mit gleichen Informationen und unterschiedliche Formulierungen und Details verstehen.

Lesen Sie / Lies die Aufgabe 1 gut durch. Sie haben / Du hast 30 Sekunden Zeit.
Situation: Im Radio hören Sie / hörst du 2 verschiedene Texte mit dem gleichen Inhalt.
Hören Sie / Hör gut zu und markieren Sie / markiere die Antworten. Es gibt vier richtige Antworten.
Sie hören / Du hörst die Texte einmal.

Hinweis
Achten Sie auf Verneinungen und Angaben, die eine Rangfolge (z.B. „auf dem ersten/zweiten/... Platz") oder Einschränkungen (z.B. „nur / nur wenige") ausdrücken.

Was ist für Ihre Gesundheit wichtig?

☐ Sport ☐ Freunde ☐ Arztbesuche ☐ Freizeit
☐ Natur ☐ Lachen ☐ gesundes Essen ☐ Familie

Aufgabe 2

10 / 30 Punkte

Lesen Sie / Lies die Aufgabe 2 gut durch. Sie haben / Du hast 30 Sekunden Zeit.
Situation: Sie hören / Du hörst folgende Nachricht. Hören Sie / Hör gut zu und schreiben Sie / schreib die wichtigsten Informationen auf. Sie hören / Du hörst den Text zweimal.

Notizen – Zusammen Sport machen

Tag: _____   Treffpunkt: An der Alten _____
Beginn: _____ Uhr Telefonnummer: 0512 / _____
Ende: _____ Uhr

Aufgabe 3

10 / 30 Punkte

Lesen Sie / Lies die Aufgabe 3 gut durch. Sie haben / Du hast 30 Sekunden Zeit.
Situation: Sie hören / Du hörst ein Interview, bei dem fünf Personen befragt werden.
Hören Sie / Hör gut zu und kreuzen Sie / kreuze die richtigen Antworten an.
Pro Person sind mehrere Antworten möglich. Sie hören / Du hörst die Texte einmal.

Welche gesunden Lebensmittel essen und trinken Sie gerne?

	Fleisch	Obst	Fisch	Milch	Gemüse
1 Sprecherin					
2 Sprecher					
3 Sprecherin					
4 Sprecher					
5 Sprecherin					

35

WORTSCHATZ UND REDEMITTEL

1 a Obst und Gemüse. Ordnen Sie zu.

Ananas • Äpfel • Auberginen • Birnen • Bananen • Kartoffeln • Kirschen • Knoblauch • Orangen • Paprika • Tomaten • Zitronen • Zucchini • Zwiebeln

Obst	und	Gemüse
Ananas, …		Kartoffeln, …

b Wie heißen diese Kategorien? Notieren Sie.

_____ und _____

c Milchprodukte und Getränke. Ergänzen Sie.

Milchprodukte	Getränke
Milch, Joghurt, …	Wasser, Orangensaft, …

2 Welche Lebensmittel aus den Aufgaben 1a bis 1c verwendet man in Ihrem Land? Was verwendet man auch noch? Notieren und ergänzen Sie.

Joghurt, Olivenöl, …

36

Gesund leben – gesund bleiben

3 Ein kleiner Gesundheits-Check. Was ist richtig? Kreuzen Sie an.

1 Bewegung (gehen, spazieren gehen) *
- A mindestens 30 Minuten am Tag
- B mindestens 60 Minuten am Tag

2 frische Luft / natürliches Licht
- A viel draußen sein – zu jeder Jahreszeit
- B nur im Frühling und Sommer viel draußen sein

3 Essen*
- A dreimal in der Woche Fleisch
- B täglich Milchprodukte

4 Trinken*
- A mindestens 1 Liter am Tag
- B mindestens 2 Liter am Tag

5 Rauchen
- A 1–4 Zigaretten pro Tag ist/sind kein Problem
- B jede Zigarette ist ein Gesundheitsrisiko

6 Pausen beim Arbeiten am Computer*
- A 10–15 Minuten Pause nach 1 Stunde am Computer
- B 20 Minuten Pause nach 2 Stunden am Computer

7 Schlaf*
- A acht Stunden Schlaf
- B sieben Stunden Schlaf

* für Menschen zwischen 18 und 65 Jahren

1A
2A
3B
4B
5B
6A
7B

WORTSCHATZ UND REDEMITTEL

4 a Schlaf – die wichtige Ruhepause. Lesen Sie den Text.

Ein guter Schlaf ist absolut wichtig, denn im Schlaf erholen sich der Körper und das Gehirn vom vergangenen Tag. Durch diese Ruhepause ist man fit für den nächsten Tag. Und das ist wichtig für einen guten Schlaf: ==Zwischen der letzten Mahlzeit und dem Schlafengehen sollten ca. vier Stunden liegen.== Das Zimmer sollte helle Farben haben, also Weiß, Hellblau oder ein helles Grün. Diese Farben bringen Ruhe und Frische ins Zimmer. Rot und Lila geben Energie und stören beim Einschlafen. Auch nicht gut: noch spät am Abend Sport machen, denn dann ist der Körper wieder wach. Viel frische Luft und eine Raumtemperatur von 15 bis 19 Grad sind auch wichtig. Genauso wie genug Dunkelheit. Und was ist mit dem Fernseher im Schlafzimmer, damit man sich bei einem Film entspannt und müde wird? Antwort: Der Fernseher gehört nicht ins Schlafzimmer! Lesen Sie ein Buch und freuen Sie sich auf Ihre Träume! Dann schlafen Sie auch gut!

b Was ist wichtig für einen guten Schlaf? Markieren Sie wie im Beispiel.

5 a Ratschläge geben. Lesen Sie die Redemittel und die Imperativformen.

Wichtig ist / Es ist wichtig, dass …
Wichtig ist auch, dass der/das/die …
Außerdem ist … wichtig. / Außerdem sind … und … wichtig.
Du solltest … (keinen) …, weil/denn … .

Stell …
Lies …
Freu dich auf … .

b Schreiben Sie Ratschläge mit den Informationen von der Aufgabe 4a und den Redemitteln und Imperativformen von der Aufgabe 5a.

Wichtig ist, dass zwischen der letzten Mahlzeit und dem Schlafengehen ca. vier Stunden liegen.

Wichtig ist auch, dass das Zimmer …, also …

Gesund leben – gesund bleiben

6 a Sie wollen mit einer anderen Kursteilnehmerin / einem anderen Kursteilnehmer in Ihrem Deutschkurs Informationen zum Thema *Gesund leben* präsentieren. Notieren Sie Ihre Ideen als Mind-Map.

```
                    wann              wo
                 präsentieren?    präsentieren?
                                              im Klassenraum
                        Präsentation zum Thema
                            Gesund leben
                                              
              welches Material?    welche Themen?
                 Prospekte
                                   gesundes Essen
                                   (Obst und Gemüse, ...)
```

in der ersten Deutschstunde (in der zweiten Stunde vielleicht schon etwas müde sein)

b Mit der Gesprächspartnerin / dem Gesprächspartner diskutieren. Was passt wo? Ordnen Sie zu.

Ja, das gefällt mir (sehr/auch)! • Ich möchte lieber … • Das ist nichts für mich. • Die Idee gefällt mir / finde ich gut! • Da habe ich keine Zeit, aber … • Was meinst du zum/zur …? • Können wir vielleicht etwas Anderes machen? • Ich schlage vor, (dass) … • Schade, am … / morgen / um … kann ich nicht. • Ich finde es besser, wenn … • Das gefällt mir nicht. • Wir können (auch) … • Ja, (sehr) gerne! • Oder wir machen/gehen/ …

einen Vorschlag machen	einen Gegenvorschlag machen	auf einen Vorschlag/ Gegenvorschlag reagieren
Was meinst du zum/zur …?		*Ja, das …*

c Im Gespräch einen Vorschlag oder Gegenvorschlag machen bzw. darauf reagieren. Sprechen Sie mit Ihrer Lernpartnerin / Ihrem Lernpartner.

Was meinst du zum Klassenraum? – Ich finde es besser, wenn wir in den Computerraum gehen.

SCHREIBEN

Schreibaufgabe   Blatt 1

15 / 15 Punkte

Situation: Sie bekommen / Du bekommst von Ihrer/deiner Freundin Sibylle folgendes E-Mail:

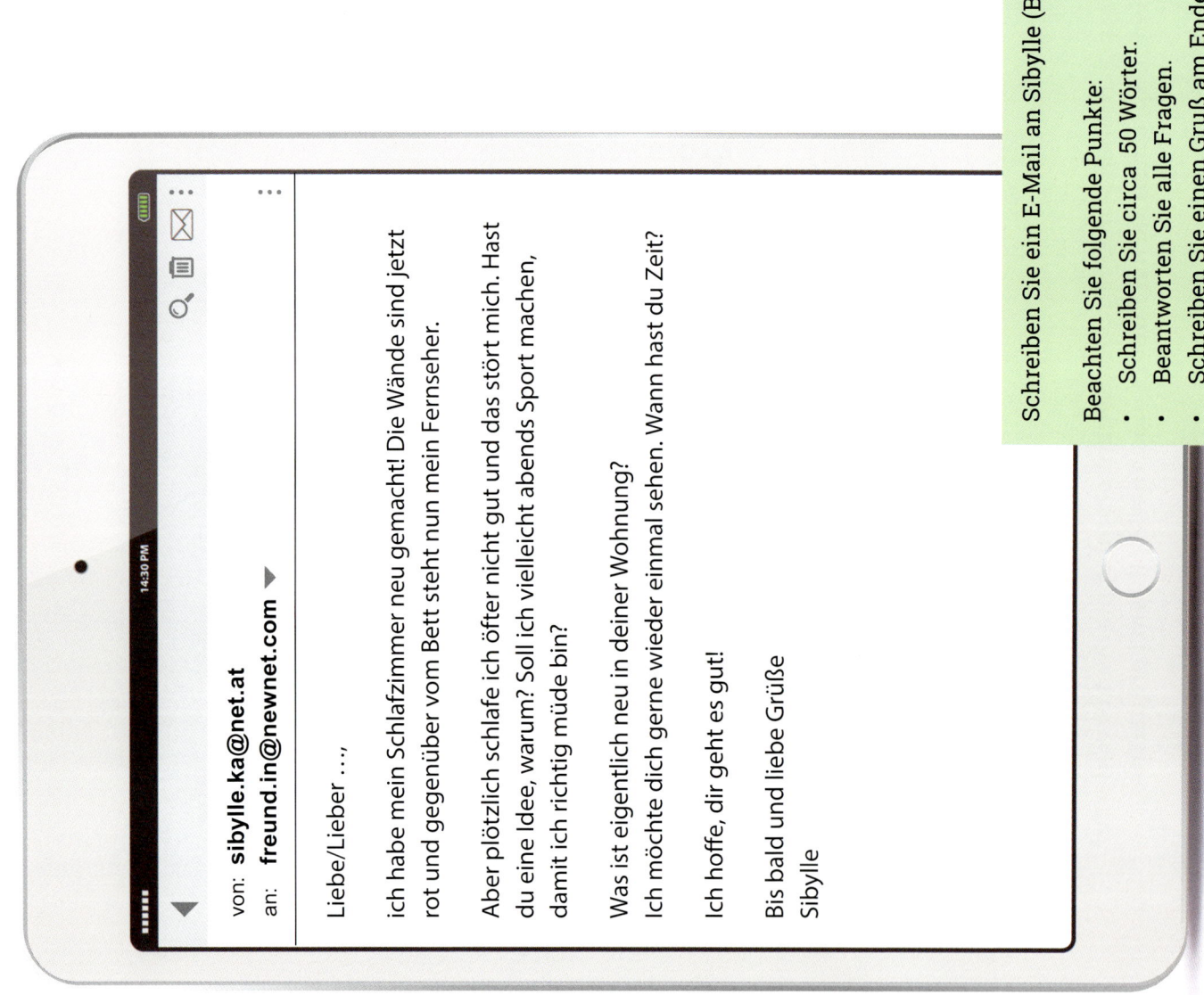

von: **sibylle.ka@net.at**
an: **freund.in@newnet.com**

Liebe/Lieber ...,

ich habe mein Schlafzimmer neu gemacht! Die Wände sind jetzt rot und gegenüber vom Bett steht nun mein Fernseher.

Aber plötzlich schlafe ich öfter nicht gut und das stört mich. Hast du eine Idee, warum? Soll ich vielleicht abends Sport machen, damit ich richtig müde bin?

Was ist eigentlich neu in deiner Wohnung?
Ich möchte dich gerne wieder einmal sehen. Wann hast du Zeit?

Ich hoffe, dir geht es gut!

Bis bald und liebe Grüße
Sibylle

Schreiben Sie ein E-Mail an Sibylle (Blatt 2).

Beachten Sie folgende Punkte:
- Schreiben Sie circa 50 Wörter.
- Beantworten Sie alle Fragen.
- Schreiben Sie einen Gruß am Ende.

Gesund leben – gesund bleiben 2

Blatt 2

Schreiben Sie / Schreib das E-Mail weiter und beantworten Sie / beantworte die Fragen am Rand.

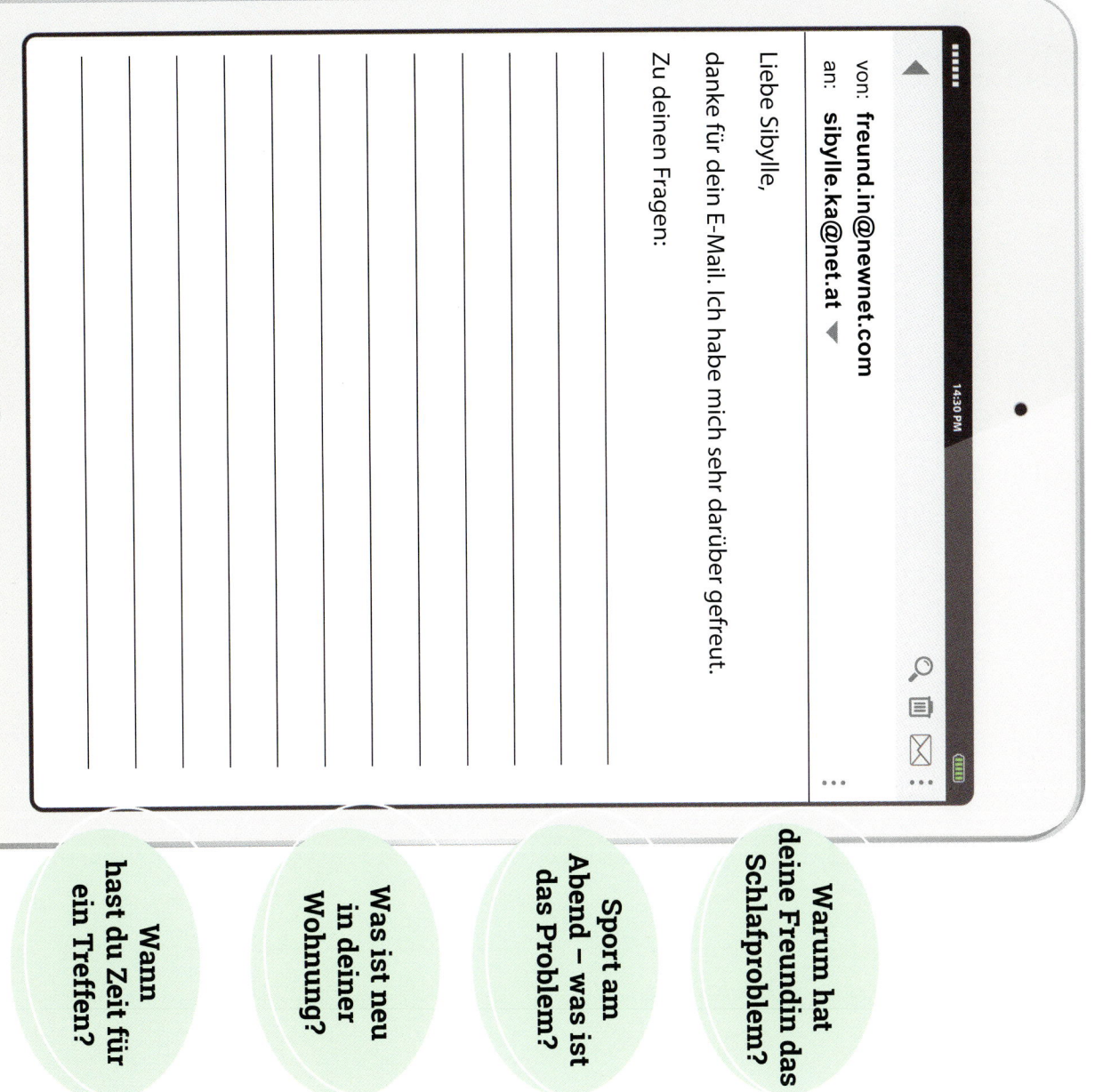

von: freund.in@newnet.com
an: sibylle.ka@net.at

Liebe Sibylle,

danke für dein E-Mail. Ich habe mich sehr darüber gefreut.

Zu deinen Fragen:

- Warum hat deine Freundin das Schlafproblem?
- Sport am Abend – was ist das Problem?
- Was ist neu in deiner Wohnung?
- Wann hast du Zeit für ein Treffen?

Hinweis
Kontrollieren Sie am Ende Ihr E-Mail: Haben Sie zu allen 4 Fragen etwas geschrieben?

41

SPRECHEN

ÖSD KID A2

insgesamt 15 Minuten

Aufgabe 1 Sprich über dich

10 / 20 Punkte

Situation: Du ziehst in der Prüfung 5 Karten. Auf jeder Karte steht ein Thema. Sprich zu diesem Thema und erzähle etwas über dich (zu jedem Thema ein paar Sätze). Deine Gesprächspartnerin / Dein Gesprächspartner kann dir zu den Themen auch Fragen stellen.

ÖSD KID A2 — Sprechen Teil 1

Kleidung

ÖSD KID A2 — Sprechen Teil 1

Geschwister

ÖSD KID A2 — Sprechen Teil 1

Frühstück

ÖSD KID A2 — Sprechen Teil 1

Hobbys

ÖSD KID A2 — Sprechen Teil 1

Haustiere

Beispiel

ÖSD KID A2 — Sprechen Teil 1

Frühstück

Mögliche Antworten:
Zum Frühstück esse ich …
Ich trinke …

42

Gesund leben – gesund bleiben

2

ÖSD Zertifikat A2

insgesamt 15 Minuten

Aufgabe 1 Sich vorstellen

10 / 20 Punkte

Situation: Ihre Gesprächspartnerin / Ihr Gesprächspartner möchte Sie gerne kennenlernen. Sie erhalten ein Blatt mit 6 Fragen zu Ihrer Person. Wählen Sie 5 Themen aus und sprechen Sie darüber (zu jedem Thema ein paar Sätze). Ihre Gesprächspartnerin / Ihr Gesprächspartner wird Ihnen zu diesen Themen auch Fragen stellen.

- Frühstück
- Hobbys
- ... mache ich gern ...
- Kleidung
- Geschwister
- Haustiere

SPRECHEN

Aufgabe 2 Gemeinsam eine Aufgabe lösen

10 / 20 Punkte

ÖSD Zertifikat A2

insgesamt 15 Minuten

Situation: Sie wollen mit Ihrer Gesprächspartnerin / Ihrem Gesprächspartner zusammen in Ihrem Deutschkurs Informationen zum Thema *Gesund leben* präsentieren. Sie haben sich dazu Fragen notiert. Besprechen Sie die Fragen mit Ihrer Gesprächspartnerin / Ihrem Gesprächspartner. Bereiten Sie sich auf das Gespräch vor. Sie haben dafür 10 Minuten Zeit.

ÖSD KID A2

insgesamt 15 Minuten

Situation: Du möchtest mit deiner Gesprächspartnerin / deinem Gesprächspartner zusammen in eurem Deutschkurs Informationen zum Thema *Gesund leben* präsentieren. Sprich mit deiner Gesprächspartnerin / deinem Gesprächspartner darüber, was ihr machen wollt. Hast du noch andere Ideen oder Fragen?
Bereite dich auf das Gespräch vor. Du hast dafür 10 Minuten Zeit.

Hinweis
Warten Sie nicht nur darauf, dass Ihre Gesprächspartnerin / Ihr Gesprächspartner Sie etwas fragt, sondern fragen Sie sie/ihn auch etwas zum Thema.

Gesund leben

 Wann präsentieren?
 Monat?
 Tag?
 Uhrzeit?

 Wo präsentieren?
 im Klassenraum?
 in der Bibliothek?
im Computerraum?

 Welche Themen?
gesundes Essen?
 Sport?
etwas anderes?

 Welches Material?
YouTube-Videos?
Zeitschriften und Prospekte?
 Statistiken?

Alltag und Feste

3

ÖSD KID A2

insgesamt 35 Minuten

LESEN

Aufgabe 1   Blatt 1

10 / 25 Punkte

Lies die folgenden Situationen (1 bis 7) und die Anzeigen (B bis F) auf Blatt 2. Welche Anzeige passt zu welcher Situation? Schreib die Lösung in das Kästchen rechts (siehe Beispiele).

Achtung: Für zwei Situationen findest du KEINE passende Anzeige. Für diese Situationen schreib 0.

Schau dir zuerst die Beispiele an.

Situationen

Anzeige

Beispiel Nr. 1	Du möchtest zusammen mit deinen Eltern einkaufen gehen. Sie haben aber nur am Wochenende Zeit.	A
Beispiel Nr. 2	Dein Computer funktioniert nicht mehr. Du musst ihn reparieren lassen.	0
1	Deine Freundin (16) möchte Model werden. Sie möchte einmal testen, wie dieser Beruf ist.	☐
2	Euer Kühlschrank ist kaputt. Deshalb sucht dein Vater einen Techniker.	☐
3	Deine Schwester interessiert sich für Mode. Sie sucht günstige Kleidung.	☐
4	In eurer neuen Küche fehlt noch der Herd und deine Eltern wollen einen kaufen.	☐
5	Deine Freundin liebt Make-up und informiert sich gerne über neue Kosmetikartikel.	☐
6	Dein Freund hat bald Geburtstag. Du weißt nicht, was du ihm schenken sollst.	☐
7	Du möchtest deine Haare schneiden lassen, aber du hast nicht viel Zeit.	☐

Blatt 2

A — Der SLT-Supermarkt

Obst und Gemüse, Milch und Käse, Fleisch und Wurst, Brot und Kuchen. Frische Produkte aus der Region und immer zu den besten Preisen.

Mo.– Sa.: 8.00 – 21.00 Uhr
Hohe Allee 102, 6063 Innsbruck

C — Jugendmode für Jungen und Mädchen

Jacken und Pullover für den Winter Shirts und Blusen für den Sommer Alles in vielen Farben, in verschiedenen Größen und zum halben Preis!
Auch Online-Bestellungen möglich.

www.meinebrands.de

E — Julias Frisörsalon

Mit uns kannst du schnell und einfach moderner aussehen.
Wir machen das Beste aus deinem Typ!
Trend-Haarschnitte
Haarstyling
Farbtechniken

www.juliasfriseursalon.at

B — Elektro Jördi & Burghaller

Vielseitige Auswahl an Haushaltsgeräten Gross- und Kleingeräte
Wir bieten die neuesten Modelle aller bekannten Firmen zu günstigen Preisen.
Lieferung nach Haus kostenfrei.
Baumannstr. 23, 4102 Basel
Tel. 031 / 484 22

D — PERLE Geschenkideen

Suchst du eine geniale Geschenkidee?
Suchst du ein originelles Geschenk?
Auf unserer Internetseite findest du beides!
Mit uns machst du andere glücklich!

www.perle-geschenkideen.at

F — MIDI Model-Agentur

Vor der Kamera stehen und Mode präsentieren – bei uns kannst du am Samstag einmal Model sein!
Für Jugendliche ab 14 Jahren
Anmeldung per Online-Formular plus Foto von dir
Mehr Infos unter:
info@midimodelagentur.ch

Alltag und Feste

47

ÖSD Zertifikat A2

insgesamt 30 Minuten

15 / 25 Punkte

LESEN

Aufgabe 1   Blatt 1

Lesen Sie die 10 Überschriften auf Blatt 1 und die 5 Texte auf Blatt 2. Suchen Sie dann zu jedem Text (1 bis 5) die passende Überschrift (A bis K) und schreiben Sie den Buchstaben auf die Linie über dem Text (1 Überschrift: ___).

Pro Text gibt es nur eine richtige Lösung.

A Morgens hören die Menschen am liebsten Klassik

B Erfahrene Hundefreunde gesucht

C Väter wichtiger für Kinder als Mütter

D Immer mehr Menschen bringen Hunde ins Tierheim

E Musik an öffentlichen Orten

F Test: Welches Haustier passt zu wem?

G Eltern verbringen mehr Zeit mit Kindern als früher

H Beratung nach der Scheidung

I Glücklich zusammen – Ältere Menschen und Tiere

K Hilfe für die Liebe

Alltag und Feste 3

Blatt 2

1 Überschrift: _____

Untersuchungen zeigen, dass Senioren und Tiere gut zusammenpassen: Die älteren Menschen können sich um jemanden kümmern. Sie sind dadurch nicht allein, aktiver, seltener krank und haben mehr soziale Kontakte. Und auch die Tiere sind glücklich, denn sie bekommen viel Liebe, weil die Senioren Zeit für sie haben.

(aus einer deutschen Zeitung)

2 Überschrift: _____

Die drei wunderschönen Phasen der Liebe: Verliebtheit – Kennenlernen – Zusammenleben. Doch dann kommt der Alltag mit Beruf, Haushalt, Partnerschaft, Familie – all das braucht Zeit und Interesse. Die Liebe wird dann oft weniger und das kann das Ende der Partnerschaft sein. Hier hilft eine psychologische Paarberatung mit Strategien und Tipps, die zeigt, wie die Liebe im Alltag nicht verloren geht.

(aus einer Schweizer Zeitung)

3 Überschrift: _____

Ohne Musik geht es nicht. Wer in Supermärkten einkauft, im Aufzug fährt, in ein Hotel oder ein Restaurant geht, hört Musik. Am Hamburger Hauptbahnhof und in 31 U-Bahn-Stationen der Stadt gibt es 24 Stunden am Tag klassische Musik für die Reisenden. Eine deutsche Firma mit einer Musikbibliothek von 300.000 Titeln entscheidet, was die Fahrgäste hören.

(von einer deutschen Website)

4 Überschrift: _____

Im Tierheim Salzburg-Parsch gibt es 200 Hunde, die jeden Tag ihre Spaziergänge brauchen. Ohne freiwillige Helfer geht das nicht. Wer Freude an dieser Aufgabe hat, schon einiges über Hunde weiß und über 18 Jahre alt ist, kann mit den Hunden spazieren gehen. Man muss dafür allerdings zuerst ein Seminar zum richtigen Umgang mit Tierheimhunden besuchen.

(von einer österreichischen Website)

5 Überschrift: _____

Stress im Job und zu Hause. Eine Umfrage zum Thema „Wie lange können Eltern heutzutage mit ihren Kindern im Alter von 2 bis 10 Jahren zusammen sein?" ergab: Mütter haben 104 Minuten täglich Zeit für ihre Kinder, Väter knapp eine Stunde. Das ist viel mehr als noch vor 50 Jahren. Und was machen Eltern und Kinder zusammen? Zum Beispiel spielen und Geschichten erzählen.

(aus einer Schweizer Broschüre)

LESEN

insgesamt 30 Minuten

Aufgabe 2   Blatt 1

Lesen Sie / Lies zuerst den folgenden Text.
Lösen Sie / Löse dann die 5 Aufgaben auf Blatt 2.

Mode aus Großbritannien

Stella McCartney (* 13. September 1971 in London) ist eine britische Modedesignerin. Ihr Vater ist der berühmte Musiker Paul McCartney. Die Familie – die Eltern und ihre fünf Kinder – lebte auf dem Land. Hier lernte Stella schon als kleines Kind, wie Mensch, Tier und Natur gut zusammenleben können.

Von ihren Eltern lernte sie, wie wichtig Kunst im Leben ist. Schon in der 5. Grundschulklasse interessierte sie sich für Mode und hat im Alter von zwölf Jahren begonnen, für Freundinnen Kleidung zu nähen. Ihr erstes Modell war eine rosafarbene Jacke.

Anfang der 1990-er Jahre studierte sie Modedesign in London. Ihre Abschlusskollektion, für die ihr Vater das Lied *Stella May Day* komponierte, präsentierten 1995 die Top-Models Kate Moss und Naomi Campbell.

Die Londoner Modeboutique *Tokio* war begeistert und kaufte die ganze Kollektion.

Seit 1997 hat sie ihre eigene Modemarke *Stella McCartney*. Weil sie Tiere und die Natur sehr liebt, ist sie Vegetarierin und benutzt kein Material von getöteten Tieren. Außerdem sind ihre Kollektionen komplett aus recycelbaren Materialien. Deshalb ist ihre Mode teuer.

Zu ihrer Modemarke gehören Damen-, Herren- und Kinderkleidung, Handtaschen, Schuhe, Parfüms und Schmuck. Zweimal im Jahr nimmt sie an den Pariser Modewochen teil und zeigte 2018 das erste Mal auch Männermode. Ihre Kollektionen feiern weltweit große Erfolge.

Stella McCartney ist mit Alasdhair Willis, einem britischen Markenberater und Kreativdirektor, verheiratet. Das Paar hat zwei Jungen und zwei Mädchen.

(aus einer österreichischen Zeitschrift)

ÖSD Zertifikat A2

ÖSD KID A2

insgesamt 35 Minuten

10 / 25 Punkte

Blatt 2

Markieren Sie / Markiere die richtige Antwort (A oder B oder C).
Für jede Aufgabe (1 bis 5) gibt es nur eine richtige Lösung (siehe Beispiel).

Beispiel

0 Stella McCartney …

- [A] ~~hatte als Kind viel Kontakt zur Natur.~~
- [B] lebte mit ihren Eltern in London.
- [C] wollte als Kind Musikerin werden.

1 Als Zwölfjährige …

- [A] hat sie zu Hause Unterricht bekommen.
- [B] stellte sie ihr erstes Kleidungsstück her.
- [C] war sie eine bekannte Künstlerin.

2 Die Abschlusskollektion …

- [A] hat von der Modeboutique *Tokio* negative Kritik bekommen.
- [B] kaufte der Vater von Stella.
- [C] zeigten zwei bekannte Models.

3 Stella McCartneys Mode …

- [A] ist schädlich für die Natur.
- [B] kann man günstig bekommen.
- [C] zeigt ihre große Tierliebe.

4 Ihre Modemarke …

- [A] bietet auch Reisegepäck an.
- [B] ist bei den Pariser Modewochen dabei.
- [C] ist international kaum bekannt.

5 Stella McCartney …

- [A] arbeitet auch als Markenberaterin.
- [B] hat Kinder.
- [C] ist ledig.

LESEN

ÖSD KID A2

insgesamt 35 Minuten

Aufgabe 3

5 / 25 Punkte

Situation: Du liest in einer Jugendzeitschrift folgenden Text.
Der Text hat fünf Lücken (1 bis 5).
Finde für jede Lücke das passende Wort und schreib es hinein!

Achtung: Es gibt ein paar Wörter zu viel!

Kinderschauspieler – die kleinen Stars

Felix, Steve, Patrik, Line, Nike und Mia (0) _sind_ zwischen 8 und 12 Jahre alt, Schüler – und junge Schauspieler.

Für einen neuen Kinofilm (1) _____ sie seit drei Wochen vor der Kamera. Alle sechs haben schon Erfahrung mit der Arbeit an einem Film-Set. Sie (2) _____, was in diesem Beruf anstrengend und was schön ist: Schauspieler (3) _____ zum Beispiel oft lange warten, bis sie ihre Rolle spielen. Und wenn sie an der Reihe sind, (4) _____ sie mehrere Male eine Szene. Das macht müde. Doch das Schöne ist, dass man berühmt werden und viel in der Welt herumreisen kann.

Deshalb (5) _____ Felix, Steve, Patrik, Line, Nike und Mia auch später unbedingt als Schauspielerinnen und Schauspieler arbeiten.

| müssen |
| danken |
| wiederholen |
| haben |
| stehen |
| verlieren |
| wissen |
| möchten |
| ~~sind~~ |
| liegen |

52

Alltag und Feste 3

ÖSD Zertifikat A2 | ÖSD KID A2

HÖREN

insgesamt 15 Minuten

Aufgabe 1

10 / 30 Punkte

Lesen Sie / Lies die Aufgabe 1 gut durch. Sie haben / Du hast 30 Sekunden Zeit.
Situation: Im Radio hören Sie / hörst du 2 verschiedene Texte mit dem gleichen Inhalt. Hören Sie / Hör gut zu und markieren Sie / markiere die Antworten. Es gibt vier richtige Antworten. Sie hören / Du hörst die Texte einmal.

Welche Hausarbeiten machen die Österreicherinnen und Österreicher am liebsten?

☐ Geschirr spülen ☐ Wäsche waschen ☐ kochen ☐ Betten machen
☐ Müll wegbringen ☐ Fenster putzen ☐ aufräumen ☐ Böden sauber machen

Aufgabe 2

10 / 30 Punkte

Lesen Sie / Lies die Aufgabe 2 gut durch. Sie haben / Du hast 30 Sekunden Zeit.
Situation: Sie hören / Du hörst folgende Nachricht. Hören Sie / Hör gut zu und schreiben Sie / schreib die wichtigsten Informationen auf. Sie hören / Du hörst den Text zweimal.

> **Hinweis**
> Die Aufgabe zeigt Ihnen bereits durch die Stichwörter, auf welche Informationen Sie achten müssen.

> **Hörstil: selektiv**
> Sie müssen bestimmte Informationen wie Telefonnummern und Daten verstehen.

Notizen – Museumsbesuch

Tag: _____   Mitnehmen: _____
Treffen um: _____ Uhr   Telefonnummer: 0452 / _____
Busnummer: _____

Aufgabe 3

10 / 30 Punkte

Lesen Sie / Lies die Aufgabe 3 gut durch. Sie haben / Du hast 30 Sekunden Zeit.
Situation: Sie hören / Du hören ein Interview, bei dem fünf Personen befragt werden. Hören Sie / Hör gut zu und kreuzen Sie / kreuze die richtigen Antworten an. Pro Person sind mehrere Antworten möglich. Sie hören / Du hörst die Texte einmal.

Welches Fest feiern Sie am liebsten?

	Ostern	Geburtstag	Karneval	Weihnachten	Silvester
1 Sprecher					
2 Sprecherin					
3 Sprecher					
4 Sprecherin					
5 Sprecher					

53

WORTSCHATZ UND REDEMITTEL

1 a Markieren Sie die weiteren 6 Feste und Feiern wie im Beispiel.

BNJRTA**HOCHZEIT**WÄYTUPEMDKARNEVALDZESÜKJOWEIHNACHTENKD
NIEPLGEBURTSTAGSERÖXCKSILVESTERUNEUJAHRDOHYAOSTERNBLNN

b Lesen Sie die Texte: Welches Fest ist das? Notieren Sie.

A Es ist ein persönliches Fest. Man feiert es, wenn zwei Menschen heiraten. Ringe und eine besondere Torte sind typisch für dieses Fest. Oft macht das Paar nach dem Fest eine Reise.

Hochzeit

B Dieses Fest heißt auch Fasching oder Fastnacht. Bunte, lustige Kostüme und Kleidung sind typisch für dieses Fest. In Venedig und Rio de Janeiro feiert man es sehr groß!

C Dieses Fest feiert man im Frühling. In Deutschland, Österreich und der Schweiz ist es frühestens am 22. März. Typisch für dieses Fest sind Schokoladenhasen und Schokoladeneier.

D Es ist ein persönliches Fest. Man feiert mit der Familie und Freunden, weil man ein Jahr älter ist. Ein Kuchen mit Kerzen und Geschenke gehören zu diesem Fest.

E Dieses Fest feiert man, weil das alte Jahr zu Ende geht und das neue Jahr kommt. Um Mitternacht vom 31. Dezember zum 1. Januar gibt es sehr oft ein Feuerwerk und das typische Getränk ist Sekt.

F Dieses Fest feiert man am 24., 25. und 26. Dezember. Besonders wichtig ist der Heiligabend. In Deutschland, Österreich und der Schweiz ist es traditionell ein Familienfest. Der Tannenbaum, spezielle Kuchen und Kekse sind typisch für dieses Fest.

_____ und _____

1

2

3

4

5

6

c Zu welchem Fest passt welches Foto?

A	B	C	D	E	F
		3			

54

Alltag und Feste

2 Wünsche und Ausdrücke zu den verschiedenen Festen. Was passt wo? Ordnen Sie zu.

Wir wünschen euch eine schöne gemeinsame Zukunft!

Fest A

Frohe Weihnachten! / Fröhliche Weihnachten! / Ein schönes Weihnachtsfest!

Fest ☐

Helau! Alaaf!*

Fest ☐

Herzlichen Glückwunsch und alles Gute zum Geburtstag! / Alles Liebe!

Fest ☐

Frohes Neues Jahr! / Viel Glück im Neuen Jahr! / Prost Neujahr! / Prosit Neujahr!

Fest ☐

Frohe Ostern! / Ein frohes Osterfest!

Fest ☐

* das sagt man nur in Deutschland (Düsseldorf und Köln)

3

a Welches Fest feiert man auch in Ihrem Land? Welches Fest nicht? Ergänzen Sie.

... *und ... feiert man auch bei uns, aber ... und ... nicht.*

b Welches andere Fest gibt es in Ihrem Land? Wann ist dieses Fest? Was ist typisch dafür? Erzählen Sie.

Bei uns in _____ gibt es den/das/die _____ . Dieses Fest ist im/am _____ . Typisch für dieses Fest ist, (dass) _____ .

WORTSCHATZ UND REDEMITTEL

4 a Die DACHL-Länder: Weihnachten, Geburtstag, Hochzeit und Geschenke. Lesen Sie den Text.

In Deutschland, Österreich, in der Schweiz und in Liechtenstein schenkt man zu den typischen Festen und Feiern gerne etwas. Was für ein Geschenk das ist und wie viel es kosten darf, kann ganz unterschiedlich sein. Zu Weihnachten und zum Geburtstag schenkt man einem Partner / einer Partnerin oder einem guten Freund / einer guten Freundin etwas Persönliches, vielleicht Schmuck, ein teures Kleidungsstück oder etwas für das Hobby. Oft schenkt man auch Geld oder einen Gutschein, zum Beispiel für einen Theaterbesuch, ein Essen in einem schönen Restaurant oder eine Reise. Auch zu einer Hochzeit schenkt man oft Geld oder einen Gutschein, denn das Paar hat vielleicht schon einige Jahre zusammengelebt und braucht nichts mehr für die Wohnung und den Haushalt. Wichtig ist: Wenn man Geld schenkt, sollte man es schön verpacken! Dazu noch etwas Selbstgebasteltes, eine Süßigkeit und auf alle Fälle – das ist bei allen Festen so – eine Karte mit guten Wünschen!

b Wählen Sie ein Fest von der Aufgabe 3a oder von der Aufgabe 3b. Was schenkt man in Ihrem Land zu diesem Fest? Was schenkt man nicht? Erzählen Sie. Die Aufgabe 4a kann vielleicht helfen.

Bei uns in _____ schenkt man _____
zum/zur _____ .

5 a Das habe ich schon einmal gefeiert! Ergänzen Sie den Notizzettel.

Welches Fest? _____ *meinen/mein/meine ...*
Wann? _____ *vor ... Monaten/Jahren*
Gäste (Wie viele? Wer?): _____ *... Personen: ...*
Geschenke (max. 4): _____ *einen/ein/eine ..., ...*

b Schreiben Sie einen kleinen Text mit Ihren Notizen von der Aufgabe 5a.

Vor ... habe ich ... gefeiert. ...

Alltag und Feste 3

6 a Ein Freund besucht Sie für einen Tag in Ihrer Stadt. Planen Sie den Tag. Notieren Sie, was Sie machen können und warum.

Wann treffen?	• um 10 Uhr → den ganzen Tag Zeit haben
Wo treffen?	• im Stadtzentrum → schon in der Stadt sein für andere Aktivitäten
Was machen?	• zu Hause → zuerst gemütlich einen Kaffee/Tee trinken und reden • in der Stadt sein / in die Stadt gehen → Sehenswürdigkeiten besichtigen, eine Ausstellung besuchen, …
Wen treffen?	• meine Freunde → …
Als Erinnerung mitnehmen?	• Souvenirs → … • …

b Zu einem Vorschlag (noch) mehr Informationen geben.

Treffpunkt Stadtzentrum	• an der Bushaltestelle „…", am Rathaus, auf dem „…"-Platz
Was machen?	• Sehenswürdigkeiten besichtigen: den/das/die … besichtigen, weil er/es/sie sehr schön / interessant / … ist / man von dort oben die ganze Stadt sieht / … • im / in der / … die Ausstellung „…" besuchen • …
Wen treffen?	• meine Freunde: … geht bald nach …, weil sie/er dort mit dem Studium anfängt, also jetzt noch treffen / … • meine Eltern: … ist ihr Neffe, …
Als Erinnerung mitnehmen?	• Souvenirs: typisch für die Stadt, klein und leicht, passt zu Hause / bei mir/meiner … gut ins … / in die … • Spezialitäten aus der Stadt wie Honig/Marmelade/Schokolade: schmeckt sehr gut, …

ÖSD Zertifikat A2
ÖSD KID A2

30 Minuten

SCHREIBEN

Schreibaufgabe Blatt 1

15 / 15 Punkte

Situation: Sie bekommen / Du bekommst von Ihrem/deinem Freund Hendrik folgendes E-Mail:

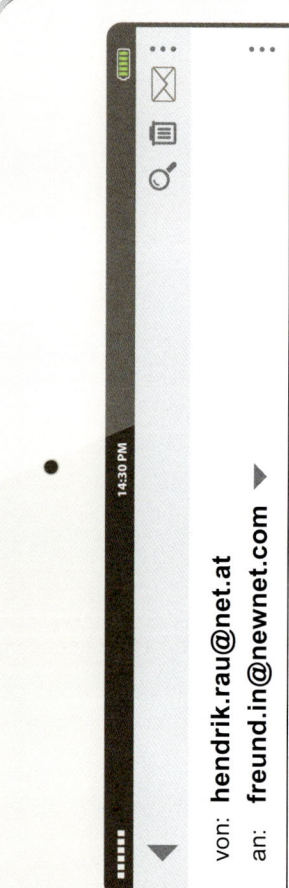

von: hendrik.rau@net.at
an: freund.in@newnet.com

Liebe/Lieber …,

in einer Woche feiern meine Großeltern ihren 50. Hochzeitstag, sie haben also vor 50 Jahren geheiratet. Sie werden ein großes Fest machen! 70 Gäste werden kommen: die Familie, Freunde und Nachbarn. Ich freue mich schon sehr darauf!

Wie hast du deinen letzten Geburtstag gefeiert? Wie viele Gäste waren da und wer? Welche Geschenke hast du bekommen?

Wir schenken Oma und Opa eine Reise mit einem Schiff auf der Donau, denn sie lieben Flüsse und das Meer!

Liebe Grüße
Hendrik

Schreiben Sie ein E-Mail an Hendrik (Blatt 2).

Beachten Sie folgende Punkte:
- Schreiben Sie circa 50 Wörter.
- Beantworten Sie alle Fragen.
- Schreiben Sie einen Gruß am Ende.

58

Blatt 2

Schreiben Sie / Schreib das E-Mail weiter und beantworten Sie / beantworte die Fragen am Rand.

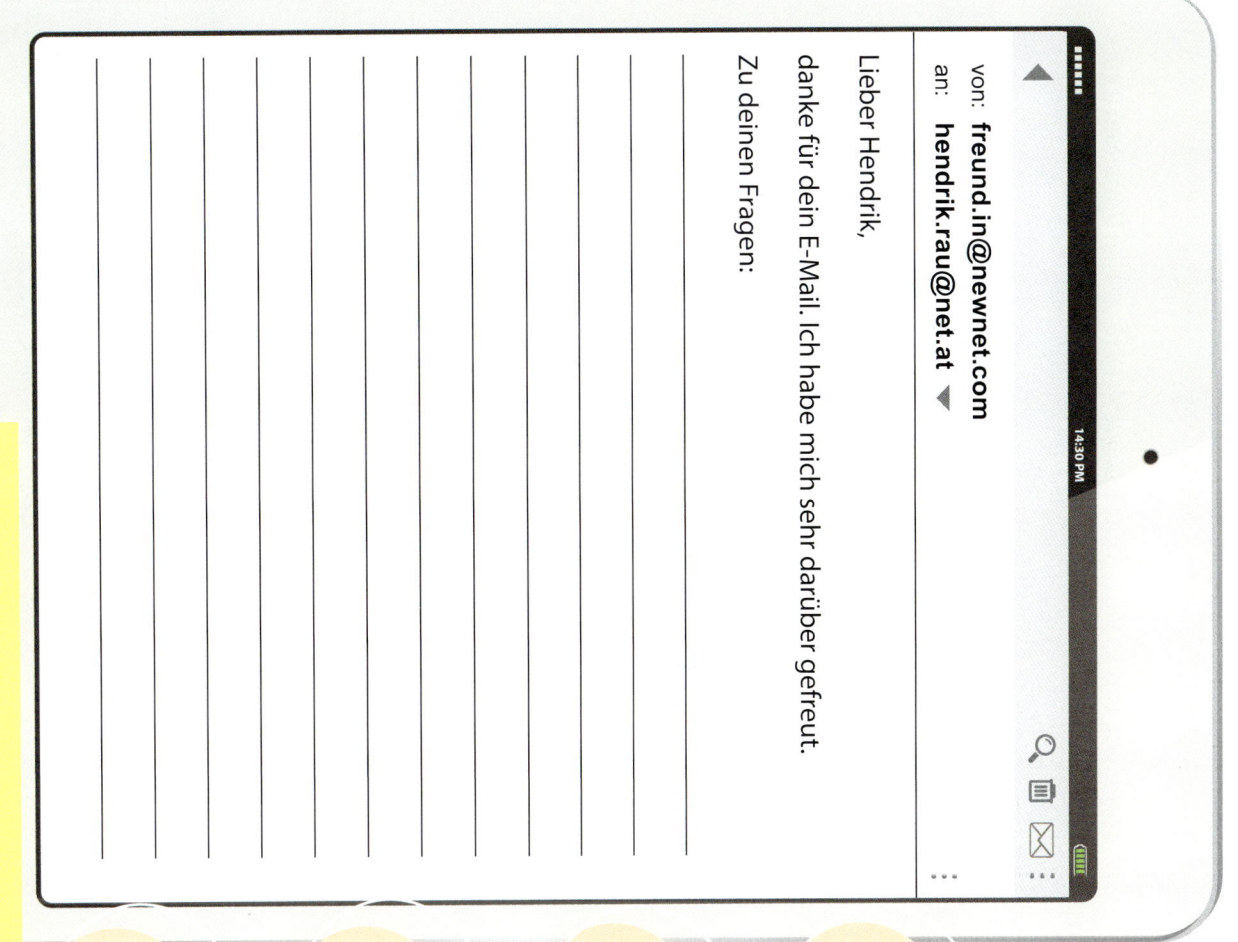

von: **freund.in@newnet.com**
an: **hendrik.rau@net.at** ▼

Lieber Hendrik,

danke für dein E-Mail. Ich habe mich sehr darüber gefreut.

Zu deinen Fragen:

Hinweis
Ihre Antworten müssen nicht wahr sein. Sie dürfen (auch) etwas erfinden. Wichtig ist, dass Sie kommunikativ angemessen schreiben.

- Wie hast du deinen letzten Geburtstag gefeiert?
- Wie viele Gäste waren da und wer?
- Welche Geschenke hast du bekommen?
- Wünsch deinem Freund etwas.

Alltag und Feste 3

SPRECHEN

ÖSD KID A2 — insgesamt 15 Minuten

Aufgabe 1 Sprich über dich

10 / 20 Punkte

Situation: Du ziehst in der Prüfung 5 Karten. Auf jeder Karte steht ein Thema. Sprich zu diesem Thema und erzähle etwas über dich (zu jedem Thema ein paar Sätze). Deine Gesprächspartnerin / Dein Gesprächspartner kann dir zu den Themen auch Fragen stellen.

ÖSD KID A2 — Sprechen Teil 1

Verkehrsmittel

ÖSD KID A2 — Sprechen Teil 1

Jahreszeiten

ÖSD KID A2 — Sprechen Teil 1

Lehrerinnen / Lehrer

ÖSD KID A2 — Sprechen Teil 1

Herkunft

ÖSD KID A2 — Sprechen Teil 1

Freizeit

Beispiel

ÖSD KID A2 — Sprechen Teil 1

Lehrerinnen / Lehrer

Mögliche Antworten:
In meiner Schule gibt es …
Meine Lehrerinnen und Lehrer sind …

60

Alltag und Feste 3

ÖSD Zertifikat A2

Aufgabe 1 Sich vorstellen

10 / 20 Punkte

insgesamt 15 Minuten

Situation: Ihre Gesprächspartnerin / Ihr Gesprächspartner möchte Sie gerne kennenlernen. Sie erhalten ein Blatt mit 6 Fragen zu Ihrer Person. Wählen Sie 5 Themen aus und sprechen Sie darüber (zu jedem Thema ein paar Sätze). Ihre Gesprächspartnerin / Ihr Gesprächspartner wird Ihnen zu diesen Themen auch Fragen stellen.

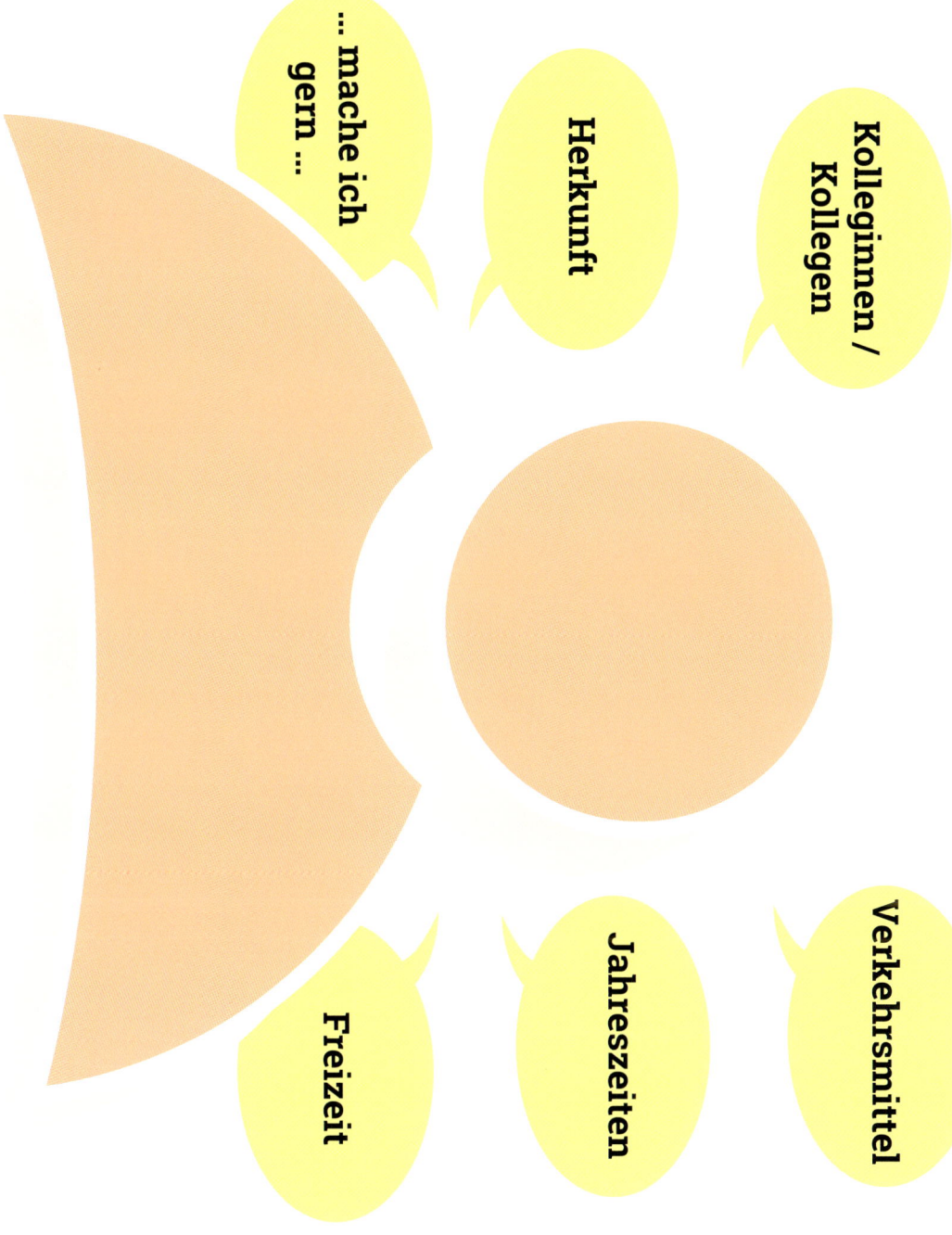

- ... mache ich gern ...
- Herkunft
- Kolleginnen / Kollegen
- Verkehrsmittel
- Jahreszeiten
- Freizeit

61

SPRECHEN

Aufgabe 2 Gemeinsam eine Aufgabe lösen

10 / 20 Punkte

ÖSD Zertifikat A2 — insgesamt 15 Minuten

Situation: Ihr Cousin wird Sie am nächsten Samstag besuchen und Sie möchten mit ihm zusammen den Tag verbringen. Ihre Gesprächspartnerin / Ihr Gesprächspartner hilft Ihnen bei der Planung. Sie haben sich dazu Fragen notiert. Besprechen Sie die Fragen mit Ihrer Gesprächspartnerin / Ihrem Gesprächspartner.
Bereiten Sie sich auf das Gespräch vor. Sie haben dafür 10 Minuten Zeit.

ÖSD KID A2 — insgesamt 15 Minuten

Situation: Dein Cousin wird dich am nächsten Samstag besuchen und du möchtest mit ihm gemeinsam den Tag verbringen. Deine Gesprächspartnerin / Dein Gesprächspartner hilft dir bei der Planung. Hast du noch andere Ideen oder Fragen?
Bereite dich auf das Gespräch vor. Du hast dafür 10 Minuten Zeit.

Hinweis
Wenn Sie etwas nicht verstanden haben, fragen Sie bitte gleich nach. Sie können z.B. sagen: „Entschuldigung, ich habe das nicht verstanden. Können Sie das bitte wiederholen?"

Besuch von Ihrem Cousin

Wann und wo treffen?

Uhrzeit?

im Stadtzentrum?

zu Hause?

Was machen?

Sehenswürdigkeiten besichtigen?

Museum besuchen?

essen gehen?

Wen treffen?

Freunde?

Eltern?

Kollegen vom Deutschkurs?

Als Erinnerung mitnehmen?

Souvenirs?

Spezialität aus der Stadt?

etwas anderes?

Familie und Freunde

4

ÖSD KID A2

insgesamt 35 Minuten

LESEN

Aufgabe 1 Blatt 1

10 / 25 Punkte

Lies die folgenden Situationen (1 bis 7) und die Anzeigen (B bis F) auf Blatt 2. Welche Anzeige passt zu welcher Situation? Schreib die Lösung in das Kästchen rechts (siehe Beispiele).

Achtung: Für zwei Situationen findest du KEINE passende Anzeige. Für diese Situationen schreib 0.

Schau dir zuerst die Beispiele an.

Situationen   **Anzeige**

Beispiel Nr. 1 Du suchst ein Geschenk für einen Freund. Du weißt, dass er gerne liest.   A

Beispiel Nr. 2 Du hast deine Matura bestanden und möchtest zu Hause feiern. Du suchst einen Partyservice.   0

1   Du spielst sehr gut E-Gitarre und möchtest in einer Band mitspielen. ☐

2   Deine beste Freundin hat bald Geburtstag und du willst mit anderen Freunden zusammen eine Party für sie organisieren. Ihr sucht einen Partyraum. ☐

3   Du magst Rockmusik und möchtest mit deinen Freunden in ein Konzert gehen. ☐

4   Dein Bruder ist krank und deine Mutter möchte einen Termin beim Arzt vereinbaren. ☐

5   Du fotografierst sehr gern und dich interessieren Fotoausstellungen. ☐

6   Du möchtest mit deinen Eltern und Geschwistern am Samstagabend ins Theater gehen. ☐

7   Du warst mit deiner Mutter beim Arzt, weil du Bauchschmerzen hast. Ihr wollt jetzt die Medikamente kaufen. ☐

64

Blatt 2

A — Die Spielecke

Das Spielwarengeschäft für grosse und kleine „Kinder": Holzspielzeug, Puppen, Brett- und Gesellschaftsspiele, Computerspiele, Kinder- und Jugendbücher und vieles mehr.

Mehr Infos und Online-Bestellungen unter:
www.spiel_ecke.ch

B — Carla B. Künast-Haus

Emotionen

Porträts, Landschaften, Tiere
Bilder internationaler Künstler
Während der Ausstellung finden auch Fotografie-Workshops statt.

Öffnungszeiten:
Dienstag bis Sonntag
12.00 Uhr bis 19.00 Uhr
Tel.: 069 / 473 568 57

C — Schauspiel-Zentrum

Kinder-, Jugend- und Puppentheater, Musicals und klassische Stücke.

Spaß für die ganze Familie.
Bestellt eure Tickets telefonisch und wartet nicht an der Kasse.

Theaterkasse: 038 / 945731

Montags geschlossen

D — Cool Club

Der ideale Platz für deine Feier!
Sag uns einfach, was du willst und wir organisieren Musik, Essen und Getränke.
Bring nur deine gute Laune mit!

www.cool_club.at

E — Bären-Apotheke

Am Hauptbahnhof Bern, an 365 Tagen von 7.00 Uhr bis 22.00 Uhr geöffnet

Wir bieten auch:
- Gewichtskontrolle
- Beratung bei Schlafproblemen

www.baeren_med_apotheke.ch

F — WIR – Die Jahrestournee

Die berühmte Rockband WIR jetzt auch in deiner Stadt!

Reserviert eure Karten auf der Internetseite der Band:
www.wir.band.org

Begrüßt die Stars auf der Bühne und dann wird getanzt!

ÖSD Zertifikat A2

insgesamt 30 Minuten

LESEN

Aufgabe 1   Blatt 1

15 / 25 Punkte

Lesen Sie die 10 Überschriften auf Blatt 1 und die 5 Texte auf Blatt 2. Suchen Sie dann zu jedem Text (1 bis 5) die passende Überschrift (A bis K) und schreiben Sie den Buchstaben auf die Linie über dem Text (1 Überschrift: ___).

Pro Text gibt es nur eine richtige Lösung.

A Enkel und Großeltern: Diese Probleme sind am häufigsten

B Jung und Alt unter einem Dach

C Spannende Museumstour für Kindergruppen

D Im Haushalt mithelfen? Erst als Jugendlicher!

E Organisierte Themen-Feste für Kinder

F Kinder und Hausarbeit: Was Experten dazu meinen

G Kostenloser Familientag mit vielen Angeboten

H Kinderbetreuung: Diese Omas und Opas helfen

I Immer mehr Großfamilien in Deutschland

K Teure Geburtstagswünsche: Viel Mode und gutes Essen

Blatt 2

Familie und Freunde 4

1 Überschrift: _____

Party feiern einmal anders? Viele Bremer Museen bieten zum Beispiel Flugzeug-Partys, Märchen-Partys und Piraten-Partys für Kinder bis zu 12 Jahren an. Die Geburtstagsfeiern kosten zwischen 90 Euro und 120 Euro. Für dieses Geld gibt es die passenden Kleidungsstücke und Accessoires, verschiedene Aktionen und ein leckeres Büfett. Anmeldung 5 Wochen vor dem Wunsch-Termin unter: *info@bremer-museen.de*.

(aus einer deutschen Zeitung)

2 Überschrift: _____

Über 30 Prozent der Deutschen ab 50 Jahren wünscht sich im Alter ein Wohnen in einem „Mehrgenerationenhaus". Die Großfamilie hat für sie auch in der heutigen Zeit noch viele positive Seiten. Doch das moderne Leben macht diese Form des Zusammenlebens sehr oft unmöglich. Seit 1990 gibt es in Deutschland 40 Prozent weniger Familien, die mit drei oder mehr Generationen zusammenwohnen.

(von einer deutschen Website)

3 Überschrift: _____

Wie können Kinder im Haushalt helfen? Ab der Primarschule ist es realistisch, dass Kinder kleine Aufgaben im Haushalt erledigen. Dazu gehören Dinge wie den Müll wegbringen, den Tisch abräumen oder das Kinderzimmer aufräumen. Ab 14 Jahren sind sieben Stunden Mithilfe im Haushalt pro Woche erlaubt. In einer Broschüre geben Kinder- und Jugendpsychologen diese und andere Tipps.

(aus einer Schweizer Zeitung)

4 Überschrift: _____

Entdecken Sie mit Ihrer Familie jeden Sonntag von 9.00 Uhr bis 18.00 Uhr die Welt der Technik und erleben Sie das Technische Museum auf eine ganz neue Art! Auf dem Programm stehen Familienführungen, Workshops und zahlreiche andere Veranstaltungen. Der Eintritt ist frei. Im dritten Stock ist unser Restaurant mit einer wundervollen Aussicht über die Stadt!

(von einer deutschen Website)

5 Überschrift: _____

Sie möchten eine Großmutter oder einen Großvater „leihen"? In ganz Österreich finden Sie Organisationen, die diesen Service anbieten. Wenn beide Eltern arbeiten, können Leihomas und Leihopas helfen. Sie holen die Kleinen vom Kindergarten oder der Schule ab, machen mit ihnen die Hausaufgaben und spielen mit den Kindern. So bekommen die Familien die Hilfe, die sie brauchen und die Leihgroßeltern haben eine sinnvolle Aufgabe.

(von einer österreichischen Website)

67

LESEN

insgesamt 30 Minuten

ÖSD Zertifikat A2 / ÖSD KID A2
insgesamt 35 Minuten

Aufgabe 2 Blatt 1

10 / 25 Punkte

Hinweise
- Lesen Sie die Überschrift: Was ist das Thema?
- Suchen Sie im Text nach ähnlichen Wörtern wie in der Aufgabe (z.B. hier: „gleich" und „sofort").

Lesestil: detailliert
Sie müssen einzelne Aussagen des Textes im Detail verstehen.

Lesen Sie / Lies zuerst den folgenden Text.
Lösen Sie / Löse dann die 5 Aufgaben auf Blatt 2.

Ein ganz besonderes Jahr

Martina (39) und Andreas (40) Heinert wollten schon als Studenten gern in andere Länder reisen, aber sie hatten dafür kein Geld. Nach dem Studium haben beide gleich ihre Jobs als Ingenieure und kurz danach die Kinder Valerie (10) und Moritz (5) bekommen.

Martina und Andreas verdienten sehr gut, aber sie waren von morgens bis abends bei der Arbeit und hatten zu wenig Zeit für die Kinder. Eines Tages hatten sie den Gedanken: Wir gehen zu viert ein Jahr lang auf Weltreise!

Bevor sie losgefahren sind, haben Martina und Andreas mit ihren Chefs vereinbart, dass sie nach der Reise an ihre Arbeitsplätze zurückkommen können. Valeries Schule schickt ihr Aufgaben per Internet. Das Haus haben sie vermietet.

Sie reisten viel durch Europa, besuchten später Freunde in Vietnam und dann war das Ziel Neuseeland. Hier kaufte sich die Familie ein Wohnmobil* und ist damit jetzt unterwegs. „Die Menschen sind toll und die Natur ist wunderschön", sagt Andreas. Manchmal arbeiten er und Martina. Sie geben zum Beispiel Reitunterricht oder Touristen Reisetipps. Das ist kein Problem, weil sie gut Englisch sprechen. Der Lohn ist nicht hoch, reicht aber zum Leben. Valerie macht in der Zeit Schulaufgaben und passt auf Moritz auf.

Bald werden sie zurückkommen. Die Eltern konnten auf der Reise viele Ideen für ihre Arbeit sammeln. Valerie möchte endlich ihre Mitschüler wiedersehen und Moritz freut sich auf sein erstes Schuljahr.

(aus einer deutschen Zeitung)

* ein Wohnmobil

68

Familie und Freunde

Blatt 2

Markieren Sie / Markiere die richtige Antwort (A oder B oder C).
Für jede Aufgabe (1 bis 5) gibt es nur eine richtige Lösung (siehe Beispiel).

Beispiel

0 Martina und Andreas Heinert …
- [A] haben als Studenten ihre Kinder bekommen.
- [⊠ B] konnten sofort nach dem Studium arbeiten.
- [C] reisten schon als Studenten viel ins Ausland.

1 Die Eheleute …
- [A] haben über eine Weltreise nachgedacht.
- [B] waren mit dem Familienleben zufrieden.
- [C] wollten unbedingt mehr Erfolg im Job.

2 Vor Reisebeginn …
- [A] konnte die Schule für Valerie eine Lösung finden.
- [B] kündigten Martina und Andreas ihre Arbeit.
- [C] verkaufte die Familie das Haus.

3 Die Familie reiste …
- [A] direkt nach Neuseeland.
- [B] durch europäische Länder.
- [C] mit Freunden nach Vietnam.

4 In Neuseeland …
- [A] hat Valerie Unterricht mit einem Privatlehrer.
- [B] spricht Moritz Englisch besser als Deutsch.
- [C] verdienen die Eltern mit verschiedenen Jobs Geld.

5 Zurück in Deutschland …
- [A] kommt Moritz in die erste Klasse.
- [B] möchte Valerie neue Freunde finden.
- [C] wollen die Eltern neue Stellen suchen.

ÖSD KID A2

insgesamt 35 Minuten

LESEN

Aufgabe 3

5 / 25 Punkte

Situation: Du liest in einer Jugendzeitschrift folgenden Text.
Der Text hat fünf Lücken (1 bis 5).
Finde für jede Lücke das passende Wort und schreib es hinein!

Achtung: Es gibt ein paar Wörter zu viel!

MIMMA – Das interaktive Musikmuseum Malaga

Das *MIMMA* im historischen Zentrum der spanischen Stadt Malaga (0) _gibt_ es seit 2002. Das Museum (1) _____ eine berühmte Sammlung an Musikinstrumenten und Musikgegenständen aus der ganzen Welt und aus verschiedenen Epochen. Typisch für dieses Museum ist, dass der Besucher mit Musik experimentieren (2) _____. Wenn man Hilfe möchte, (3) _____ ein virtueller Lehrer, wie man die Instrumente in die Hand nimmt und spielt. Außerdem ist es erlaubt, dass der Besucher so lange (4) _____, wie er möchte. Das Museum (5) _____ auch kulturelle Veranstaltungen wie Konzerte, Musik-Workshops und Jam-Sessions. Für Erwachsene wie für Kinder ist ein Besuch im *MIMMA* ein unvergessliches Erlebnis!

trägt

bleibt

darf

~~gibt~~

spricht

hat

mag

ist

organisiert

erklärt

70

Familie und Freunde 4

ÖSD Zertifikat A2 — ÖSD KID A2

HÖREN

insgesamt 15 Minuten

Aufgabe 1

Lesen Sie / Lies die Aufgabe 1 gut durch. Sie haben / Du hast 30 Sekunden Zeit.
Situation: Im Radio hören Sie / hörst du 2 verschiedene Texte mit dem gleichen Inhalt.
Hören Sie / Hör gut zu und markieren Sie / markiere die Antworten. Es gibt vier richtige Antworten.
Sie hören / Du hörst die Texte einmal.

10 / 30 Punkte

Welche Elektrogeräte finden die Schweizer und Schweizerinnen besonders wichtig?

☐ Waschmaschine ☐ Kühlschrank ☐ Elektroherd ☐ Spülmaschine
☐ Radio ☐ Toaster ☐ Fernseher ☐ Wasserkocher

Aufgabe 2

Lesen Sie / Lies die Aufgabe 2 gut durch. Sie haben / Du hast 30 Sekunden Zeit.
Situation: Sie hören / Du hörst folgende Nachricht. Hören Sie / Hör gut zu und schreiben Sie / schreib die wichtigsten Informationen auf. Sie hören / Du hörst den Text zweimal.

10 / 30 Punkte

Notizen – Besuch im Krankenhaus

Tag: _____ Preis: _____ Euro

Besuchszeit: von _____ Uhr bis 18 Uhr   Telefonnummer: 0663 / _____

Mitbringen: _____

Aufgabe 3

Lesen Sie / Lies die Aufgabe 3 gut durch. Sie haben / Du hast 30 Sekunden Zeit.
Situation: Sie hören / Du hörst ein Interview, bei dem fünf Personen befragt werden.
Hören Sie / Hör gut zu und kreuzen Sie / kreuze die richtigen Antworten an.
Pro Person sind mehrere Antworten möglich. Sie hören / Du hörst die Texte einmal.

10 / 30 Punkte

Was unternehmen Sie gerne mit Freunden?

	Ausflüge	kochen	tanzen gehen	Karten spielen	Kino
1 Sprecher					
2 Sprecherin					
3 Sprecher					
4 Sprecherin					
5 Sprecher					

WORTSCHATZ UND REDEMITTEL

1 a Ein Stammbaum aus der Perspektive von Florian Wagner. Wer ist wer? Notieren Sie.

Eltern • Cousin • Schwester • Onkel • Großmutter • Cousine • Vater • Mutter • Großeltern • Cousin • Großvater • Tante

Helmut Krüger ⚭ Lisa Krüger

Thorben Wagner ⚭ Anna Wagner   Sabine Daubner   Markus Krüger ⚭ Corinna Krüger

Laura Wagner   Florian Wagner (Eltern)   Timo Daubner   Vanessa Krüger   Stefan Krüger

b Florian Wagner stellt seine Familie vor. Ergänzen Sie den Text. Die Aufgabe 1a kann helfen.

Hallo! Meine _____ heißen Anna und Thorben und meine _____ heißt Laura. Ich habe zwei Cousins, Timo und Stefan und eine _____, Vanessa. Timo ist das Kind von meiner _____ Sabine. Sie ist geschieden. Vanessa und Stefan sind die Kinder von meinem _____ Markus und seiner Frau Corinna. Meine _____ heißt Lisa und mein _____ heißt Helmut. Es sind tolle _____!

72

Familie und Freunde 4

c **Dieselbe Familie aus der Perspektive von Lisa Krüger. Was sagt sie? Ergänzen Sie den Text. Die Aufgabe 1a kann helfen.**

Mann · Sohn · Enkelkinder · Töchter · Kinder · Frau

Mein ___Mann___ heißt Helmut.
Wir haben drei _____. Unsere
_____ heißen Anna und Sabine und
unser _____ heißt Markus. Sabine ist
geschieden, Anna und Markus sind beide verheiratet. Alle drei haben Kinder: Anna und ihr Mann
haben eine Tochter und einen Sohn, genauso
wie Markus und seine _____. Sabine
hat einen Sohn. Helmut und ich haben also fünf
_____.

2

a Zeichnen Sie Ihren Stammbaum.

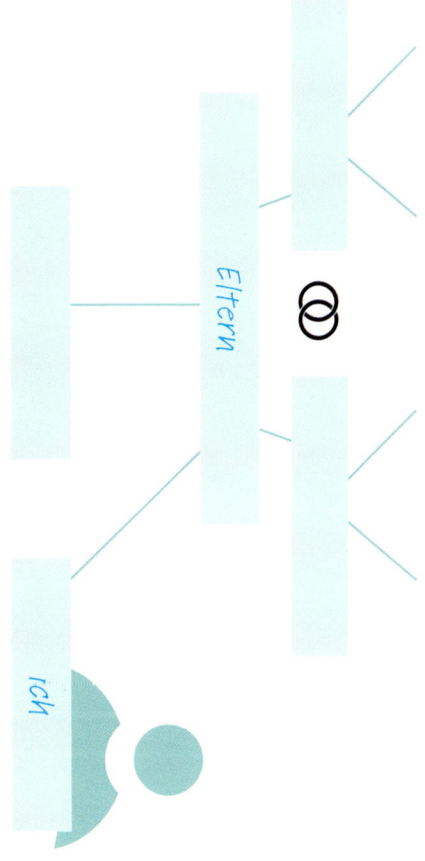

b Stellen Sie nun Ihre eigene Familie vor.

Meine ... heißen ... und ...

WORTSCHATZ UND REDEMITTEL

3 a Geschwister. Was ist schön ☺, was ist manchmal ein Problem mit ihnen ☹? Markieren Sie.

1 ☹ mit dem Bruder / der Schwester zusammen soll man die Wohnung aufräumen, aber er/sie hilft nicht – man muss alles alleine machen

2 ☐ der Bruder / die Schwester kritisiert oft meine Freunde – keiner ist gut genug!

3 ☐ man kann dem Bruder / der Schwester alles sagen

4 ☐ der Bruder / die Schwester hört oft bis spät abends Musik – das stört, denn man kann nicht schlafen, muss aber morgens früh aufstehen

5 ☐ der Bruder / die Schwester ist immer für einen da!

6 ☐ der Bruder / die Schwester ärgert einen, weil man (etwas) zu dick ist – er/sie sagt, man ist unattraktiv

7 ☐ der Bruder / die Schwester leiht einem Kleidung, die man gerne einmal anziehen möchte

8 ☐ man lacht mit dem Bruder / der Schwester über die gleichen Dinge

b Notizen ausformulieren: Schreiben Sie nun ganze Sätze mit den Informationen zu den Situationen 1 bis 8.

zu Situation 1: *Wenn ich mit meinem Bruder / meiner Schwester zusammen die Wohnung aufräumen soll, hilft er/sie nicht und ich muss alles alleine machen.*

4 Wo kann man Menschen bzw. spätere Freunde kennenlernen?* Finden Sie die Wörter und notieren Sie sie.

MANN · BEITS · DEUTSCH · TÄT · EIN · BAR · UNI · PLATZ · VER · SCHAFT · AR · VER · SCHAFT · KURS · NACH · SI

in einer __MANNSCHAFT__ im _____

am _____ in der _____

an der _____ im _____

* *In Österreich, Deutschland und der Schweiz lernt man nicht sofort Freunde kennen, sondern man lernt jemanden kennen, der mit der Zeit vielleicht ein Freund / eine Freundin wird.*

Familie und Freunde 4

5

a Eine Party für eine Freundin / einen Freund organisieren. Finden Sie eine passende Reihenfolge. Es gibt mehrere Möglichkeiten.

den Ort für die Party suchen
die Rechnungen und die Miete für den Raum bezahlen
die Gästeliste schreiben
einen DJ organisieren / Musik für die Party vorbereiten
die Gäste einladen
ein Geschenk kaufen
Tag und Uhrzeit vereinbaren
den Partyraum dekorieren
den Partyraum buchen
Essen, Getränke und Dekoration kaufen

Zuerst sollten wir den Tag und die Uhrzeit vereinbaren. Dann müssen wir eine Gästeliste schreiben und die Gäste einladen, damit wir wissen, wie viele Personen es sind. Danach können wir ...

b Diskutieren Sie mit Ihrer Partnerin / Ihrem Partner, in welcher Reihenfolge Sie alles für die Party organisieren wollen und begründen Sie Ihre Meinung. Verwenden Sie die Redemittel.

Zuerst sollten wir ...
Dann ... und ..., damit/weil/denn ...
Danach ... können/müssen wir ... und ... /
Danach ..., damit/weil/denn ...
Als Nächstes ... / Als Letztes ...

75

SCHREIBEN

Schreibaufgabe   Blatt 1

15 / 15 Punkte

Situation: Sie bekommen / Du bekommst von Ihrer/deiner Freundin Beatrice folgendes E-Mail:

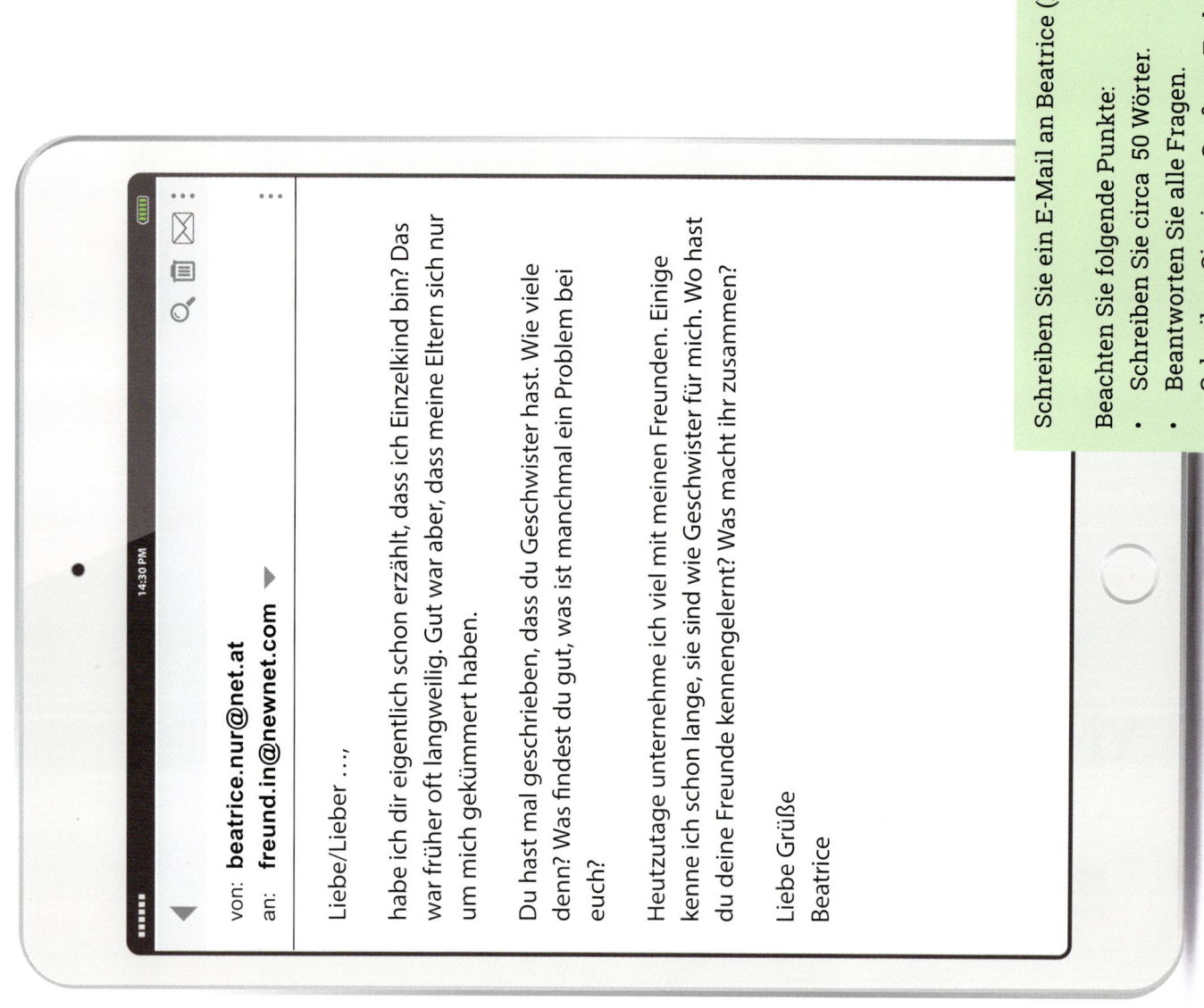

von: **beatrice.nur@net.at**
an: **freund.in@newnet.com**

Liebe/Lieber …,

habe ich dir eigentlich schon erzählt, dass ich Einzelkind bin? Das war früher oft langweilig. Gut war aber, dass meine Eltern sich nur um mich gekümmert haben.

Du hast mal geschrieben, dass du Geschwister hast. Wie viele denn? Was findest du gut, was ist manchmal ein Problem bei euch?

Heutzutage unternehme ich viel mit meinen Freunden. Einige kenne ich schon lange, sie sind wie Geschwister für mich. Wo hast du deine Freunde kennengelernt? Was macht ihr zusammen?

Liebe Grüße
Beatrice

Schreiben Sie ein E-Mail an Beatrice (Blatt 2).

Beachten Sie folgende Punkte:
- Schreiben Sie circa 50 Wörter.
- Beantworten Sie alle Fragen.
- Schreiben Sie einen Gruß am Ende.

Familie und Freunde

Blatt 2

Schreiben Sie / Schreib das E-Mail weiter und beantworten Sie / beantworte die Fragen am Rand.

von: **freund.in@newnet.com**
an: **beatrice.nur@net.at**

Liebe Beatrice,

danke für dein E-Mail. Ich habe mich sehr darüber gefreut.

Zu deinen Fragen:

- Wie viele Geschwister hast du?
- Du und deine Geschwister: Was ist schön, was ist ein Problem bei euch?
- Wo hast du deine Freunde kennengelernt?
- Was machst du mit deinen Freunden zusammen?

ÖSD KID A2

insgesamt 15 Minuten

SPRECHEN

Aufgabe 1 Sprich über dich

10 / 20 Punkte

Situation: Du ziehst in der Prüfung 5 Karten. Auf jeder Karte steht ein Thema. Sprich zu diesem Thema und erzähle etwas über dich (zu jedem Thema ein paar Sätze). Deine Gesprächspartnerin / Dein Gesprächspartner kann dir zu den Themen auch Fragen stellen.

Sprechen Teil 1 | ÖSD KID A2

Wochenende

Sprechen Teil 1 | ÖSD KID A2

Wetter

Sprechen Teil 1 | ÖSD KID A2

Schulfächer

Sprechen Teil 1 | ÖSD KID A2

Mode

Sprechen Teil 1 | ÖSD KID A2

Lesen

Beispiel

Sprechen Teil 1 | ÖSD KID A2

Schulfächer

Mögliche Antworten:
Zweimal/Dreimal in der Woche habe ich …
Mein Lieblingsfach ist / Meine Lieblingsfächer sind …

78

Familie und Freunde 4

ÖSD Zertifikat A2

Aufgabe 1   Sich vorstellen

10 / 20 Punkte

insgesamt 15 Minuten

Situation: Ihre Gesprächspartnerin / Ihr Gesprächspartner möchte Sie gerne kennenlernen. Sie erhalten ein Blatt mit 6 Fragen zu Ihrer Person. Wählen Sie 5 Themen aus und sprechen Sie darüber (zu jedem Thema ein paar Sätze). Ihre Gesprächspartnerin / Ihr Gesprächspartner wird Ihnen zu diesen Themen auch Fragen stellen.

- Gehalt
- Mode
- ... mache ich gern ...
- Lesen
- Wetter
- Wochenende

SPRECHEN

Aufgabe 2 Gemeinsam eine Aufgabe lösen

10 / 20 Punkte

ÖSD Zertifikat A2 insgesamt 15 Minuten

Situation: Ihr bester Freund geht für ein Jahr ins Ausland. Sie möchten für ihn eine Abschiedsparty organisieren. Sie haben sich dazu Fragen notiert. Besprechen Sie die Fragen mit Ihrer Gesprächspartnerin / Ihrem Gesprächspartner. Bereiten Sie sich auf das Gespräch vor. Sie haben dafür 10 Minuten Zeit.

ÖSD KID A2 insgesamt 15 Minuten

Situation: Dein bester Freund geht für ein Jahr ins Ausland. Du möchtest für ihn eine Abschiedsparty organisieren. Sprich mit deiner Gesprächspartnerin / deinem Gesprächspartner darüber, was du machen willst. Hast du noch weitere Ideen oder Fragen? Bereite dich auf das Gespräch vor. Du hast dafür 10 Minuten Zeit.

Hinweis

Reagieren Sie auf die Aussagen Ihrer Gesprächspartnerin / Ihres Gesprächspartners angemessen, sodass ein möglichst realistisches Gespräch entsteht. Wenn Sie ein Wort nicht kennen, dann sagen Sie das, was Sie sagen möchten, mit anderen Worten. Wichtig ist, dass Sie kommunizieren.

Eine Abschiedsparty organisieren

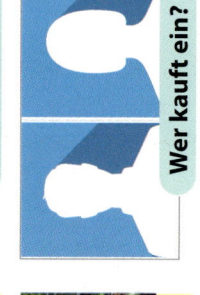
Einkaufen? — Was einkaufen?

Wer kauft ein? — Wie viel ausgeben?

Was vorbereiten? — Musik?

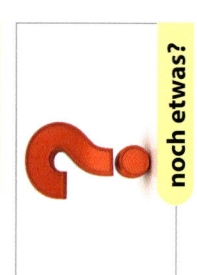
Dekoration? — noch etwas?

Wo? — zu Hause?

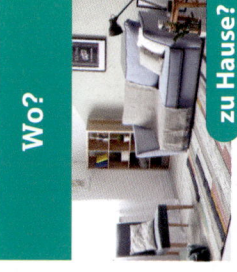
im Park?

im Restaurant?

Wen einladen? — Freunde? — Familie? — Mitglieder vom Sportverein?

5 Lernen, Ausbildung, Beruf

LESEN

ÖSD KID A2

insgesamt 35 Minuten

Aufgabe 1 Blatt 1

10 / 25 Punkte

Lies die folgenden Situationen (1 bis 7) und die Anzeigen (B bis F) auf Blatt 2. Welche Anzeige passt zu welcher Situation? Schreib die Lösung in das Kästchen rechts (siehe Beispiele).

Achtung: Für zwei Situationen findest du KEINE passende Anzeige. Für diese Situationen schreib 0.

Schau dir zuerst die Beispiele an.

Situationen

		Anzeige
Beispiel Nr. 1	Du interessierst dich für Autos und suchst einen Praktikumsplatz bei einer Autowerkstatt.	A
Beispiel Nr. 2	Du möchtest im Ausland studieren und suchst eine Broschüre mit Informationen für Studenten.	0
1	Für das kommende Schuljahr brauchst du unbedingt neue Kugelschreiber und andere Schulsachen.	☐
2	Dein Bruder hat in Physik keine gute Note. Deshalb suchen deine Eltern einen Erwachsenen, der beim Lernen hilft.	☐
3	Dein Bruder ist nächstes Jahr mit der Schule fertig und möchte dann eine Ausbildung zum Krankenpfleger machen.	☐
4	Deine Schwester (15) liebt Bücher und möchte später Autorin werden.	☐
5	Du bist 16 und möchtest neue Erfahrungen sammeln. Deshalb suchst du eine Möglichkeit, für ein paar Monate in ein anderes Land zu gehen.	☐
6	Du brauchst Geld für ein neues Fahrrad und möchtest in den Sommerferien in einem Restaurant arbeiten.	☐
7	Du gehst in die 8. Klasse und hast Probleme in Mathematik. Du möchtest zusammen mit anderen in deinem Alter lernen.	☐

Lernen, Ausbildung, Beruf

Blatt 2

A. Autohaus Krohne

Kfz-Mechatroniker – ein interessanter Beruf: Auto, Hightech, Kundenberatung

Vielleicht dein Traumjob!

Mach bei uns ein Schülerpraktikum und probiere aus, ob dieser Beruf zu dir passt.

Mehr Infos unter: www.autohaus-krohne.de

C. Lerngruppe „Philipp"

Du findest ein Schulfach schwer und brauchst Hilfe?

Wir sind auch Schüler und organisieren Lerngruppen von 4 bis 6 Personen.

Wenn du mitmachen möchtest, ruf mich an:
Philipp Beuer – 07931 / 269 874 23

E. Auslandsjahr.com – dein Wegbereiter für Auslandsaufenthalte

Du willst ein Jahr oder ein Semester im Ausland leben? Auf unserer Website findest du alle nötigen Informationen über:
- Schüleraustausch
- Schülersprachreisen
- Sommercamps

www.auslands_jahr.com

B. Schreib-Werkstatt

Du bist zwischen 8 und 18 Jahren und möchtest lernen, ein Buch oder eine kurze Geschichte zu schreiben?

Informier dich über unser Kursprogramm unter:
www.schreib.work.at

D. Schreibwarenladen Lehmann

Bei uns findet ihr alles, was ihr für die Schule braucht: Stifte, Mäppchen, Schultaschen und Rucksäcke, Hausaufgabenhefte, Bastelsachen, Lernspiele und vieles mehr.

Große Auswahl zu günstigen Preisen

Lindenstr. 23, 8005 Graz

F. Klinikum Steyr

Dich interessiert ein Beruf im medizinischen Bereich?

Das Klinikum Steyr bietet das vierjährige Studium *Klinische Pflege* an. Du bekommst einen Bachelor-Abschluss und kannst dann in Krankenhäusern und Altenheimen arbeiten.

www.klinikum_steyr.at

ÖSD Zertifikat A2

insgesamt 30 Minuten

LESEN

Aufgabe 1 Blatt 1

15 / 25 Punkte

Lesen Sie die 10 Überschriften auf Blatt 1 und die 5 Texte auf Blatt 2. Suchen Sie dann zu jedem Text (1 bis 5) die passende Überschrift (A bis K) und schreiben Sie den Buchstaben auf die Linie über dem Text (1 Überschrift: ___).

Pro Text gibt es nur eine richtige Lösung.

A Beruf Bäcker: Es fehlen Arbeitsplätze

B Immer mehr Angestellte suchen Arbeit im Ausland

C Erfolgreich durch die Schulzeit

D Schwere Zeiten für Bäckereien

E Arbeitnehmer machen immer mehr Überstunden

F Weniger arbeiten – glücklicher sein

G Eltern sind gegen Schulstress

H Wunsch nach neuen Arbeitszeiten

I Kinder reden zu viel im Unterricht

K Essen stört beim Konzentrieren

Lernen, Ausbildung, Beruf

Blatt 2

1 Überschrift: _____

Oft ist es anstrengend, aber es gehört einfach zu unserem Leben: das Lernen. Schon in der Grundschule müssen wir Tests schreiben und Prüfungen bestehen, um später für das Berufsleben fit zu sein. Aber nicht jeder findet das leicht. Unsere Broschüre *Kluges Köpfchen* gibt Tipps, wie ihr richtig lernt, keine Prüfungsangst mehr habt und welche Lebensmittel das Gehirn fit machen.

(aus einer deutschen Zeitung)

2 Überschrift: _____

Gleitzeit heißt der neue Trend, den sich viele vom künftigen Arbeitsplatz vor allem wünschen. Dabei kann man selber bestimmen, wann man arbeiten möchte. Ein typischer Arbeitstag muss also nicht unbedingt von acht bis fünf sein, sondern kann gerne auch z.B. von 13 Uhr bis 21 Uhr dauern. Wichtig dabei: Man muss genau kontrollieren können, wer wie lange arbeitet.

(von einer Schweizer Website)

3 Überschrift: _____

Studien zufolge wünscht sich jeder zweite Österreicher eine Vier-Tage-Arbeitswoche. Psychologen sagen, dass der Mensch viel besser arbeitet, wenn er weiß, dass er seine Arbeit in kurzer Zeit erledigen muss. In einigen Ländern wie Schweden arbeitet man in vielen Firmen nur noch sechs Stunden pro Tag. Das Resultat: Die Mitarbeiter sind viel fröhlicher und am Arbeitsplatz viel fleißiger.

(aus einer österreichischen Zeitung)

4 Überschrift: _____

Eine Umfrage an deutschen Schulen zeigt, dass viele Schüler von Lehrern, Unterricht oder Hausaufgaben gestresst sind. Sie sagen, dass es in der Schule zu wenig Zeit gibt, um mit Freunden zu reden oder einfach mal seine Ruhe zu haben. Auch Eltern finden, dass es für ihre Kinder viel zu wenig Zeit zur Erholung gibt und wollen eine Änderung im Schulsystem.

(von einer deutschen Website)

5 Überschrift: _____

Vergleicht man die Jahre 2010 und 2017, dann sieht man: Es gibt nur noch gut 50 Prozent so viele junge Menschen, die sich für den Bäckerberuf interessieren. Es ist ein harter Job: Man muss sehr früh am Morgen aufstehen und das will heute fast keiner mehr. Deshalb schließen immer mehr Bäckereien. Außerdem bieten Supermärkte Brot und Kuchen günstiger an.

(von einer deutschen Website)

LESEN

insgesamt 30 Minuten

Aufgabe 2 Blatt 1

Lesen Sie / Lies zuerst den folgenden Text.
Lösen Sie / Löse dann die 5 Aufgaben auf Blatt 2.

ÖSD Zertifikat A2 — ÖSD KID A2

insgesamt 35 Minuten

10 / 25 Punkte

Lernen mit einem IQ von 130 und mehr* – Hochbegabte Kinder

Die meisten Menschen glauben, dass hochbegabte Kinder Superschüler sind und automatisch eine problemlose Schulzeit haben. Das ist aber oft nicht so.

Wie bei Mirko. Mirko hat schon im Alter von zwei Jahren ganze Sätze gesprochen. Mit drei hat er angefangen, nach den Buchstaben zu fragen und ein paar Monate später konnte er fehlerfrei lesen. Schon mit fünf Jahren durfte er in die erste Klasse.

Dort ging es ihm zuerst sehr gut, denn er war einer von den besten Schülern. Aber ab der dritten Klasse hatte Mirko Kopf- und Bauchschmerzen, war unkonzentriert und lernte schlecht. Seine Lehrerin merkte, dass er sich unglaublich langweilte, weil der Unterricht viel zu langsam für ihn war. Deshalb hat sie vorgeschlagen, dass Mirko einen Intelligenztest macht. Das Resultat: Er ist in Mathematik und Deutsch hochbegabt.

Heute ist Mirko 15 und besucht eine Reformschule, in der jedes Kind selbst entscheidet, wie schnell es lernen will. Jetzt sind die Hausaufgaben nicht mehr leicht und langweilig wie früher. Am Ende schafft und versteht er aber alles. Lernen macht ihm wieder Spaß.

In der Welt der Normal-Intelligenten fühlt Mirko sich inzwischen überhaupt nicht mehr wohl. Sein Zukunftsplan ist deshalb klar: Nach der Schule will er an eine Universität oder an ein Forschungszentrum gehen, wo er mit Kollegen zusammenarbeitet, die genauso hochbegabt sind wie er.

(aus einer deutschen Zeitung)

* IQ = Intelligenz-Quotient. Der IQ für „intelligent" liegt bei 90-115. Ein IQ von 116-130 bedeutet, dass man sehr intelligent ist.

86

Blatt 2

Markieren Sie / Markiere die richtige Antwort (A oder B oder C).
Für jede Aufgabe (1 bis 5) gibt es nur eine richtige Lösung (siehe Beispiel).

Beispiel

0 Die meisten Menschen glauben, dass …
- [A̶] Hochbegabte eine einfache Schulzeit haben.
- [B] Hochbegabte ganz normale Personen sind.
- [C] sie zu den Hochbegabten gehören.

1 Mirko …
- [A] machte beim Lesen oft Fehler.
- [B] musste die erste Klasse wiederholen.
- [C] wollte sehr früh das Alphabet lernen.

2 In der Schule …
- [A] hat Mirko Probleme mit der Gesundheit bekommen.
- [B] hatte Mirko von Anfang an Lernschwierigkeiten.
- [C] passte Mirko immer sehr gut auf.

3 Mirkos Lehrerin wollte, dass er …
- [A] mehr für Mathematik und Deutsch tut.
- [B] prüfen lässt, wie klug er ist.
- [C] so schnell wie seine Mitschüler lernt.

4 Heute …
- [A] braucht Mirko manchmal Hilfe bei den Hausaufgaben.
- [B] lernt Mirko in der Zeit, die für ihn gut ist.
- [C] sind manche Unterrichtsthemen zu schwer für ihn.

5 Mirko …
- [A] arbeitet jetzt schon an einer Schule.
- [B] braucht den Kontakt zu Normal-Intelligenten.
- [C] weiß schon genau, was er in Zukunft machen möchte.

LESEN

insgesamt 35 Minuten

5 / 25 Punkte

Aufgabe 3

Situation: Du liest in einer Jugendzeitschrift folgenden Text.
Der Text hat fünf Lücken (1 bis 5).
Finde für jede Lücke das passende Wort und schreib es hinein!

Achtung: Es gibt ein paar Wörter zu viel!

Der Österreichische Staatspreis für Schule und Unterricht

Seit 2008 verleiht das Österreichische Bundesministerium für Bildung, Wissenschaft und Forschung jedes Jahr an Schulen mit besonderen Projekten einen Preis. Bis 2017 (0) _war_ es der Österreichische Schulpreis. Seit 2018 (1) _____ er Österreichischer Staatspreis für Schule und Unterricht. Es werden vier Preise vergeben: Drei Preise für die ersten drei Plätze und ein Sonderpreis. Jede öffentliche und private Schule in Österreich (2) _____ teilnehmen. Sie (3) _____, was sie Besonderes macht und schickt diesen Bericht an eine Jury. Diese Jury entscheidet dann, welche Schulen die Preise gewinnen. Die beste Schule – also Platz 1 – (4) _____ 10.000 Euro. Das Ministerium (5) _____ mit allen Gewinnern zusammen die Verleihung der Preise.

| bekommt |
| glaubt |
| nimmt |
| feiert |
| beschreibt |
| gefällt |
| heißt |
| ~~war~~ |
| kann |
| lernt |

ÖSD KID A2

Lernen, Ausbildung, Beruf

5

ÖSD Zertifikat A2 — ÖSD KID A2

HÖREN

insgesamt 15 Minuten

🔘 13

Aufgabe 1

Lesen Sie / Lies die Aufgabe 1 gut durch. Sie haben / Du hast 30 Sekunden Zeit.
Situation: Im Radio hören Sie / hörst du 2 verschiedene Texte mit dem gleichen Inhalt.
Hören Sie / Hör gut zu und markieren Sie / markiere die Antworten. Es gibt vier richtige Antworten.
Sie hören / Du hörst die Texte einmal.

10 / 30 Punkte

Was macht Sie an Ihrem Arbeitsplatz zufrieden?

☐ interessante Aufgaben
☐ kurzer Weg zum Arbeitsplatz
☐ Sicherheit
☐ viel Urlaub
☐ nette Kollegen/ Kolleginnen
☐ gutes Gehalt
☐ freundlicher Chef / freundliche Chefin
☐ schöner Raum

🔘 14

Aufgabe 2

Lesen Sie / Lies die Aufgabe 2 gut durch. Sie haben / Du hast 30 Sekunden Zeit.
Situation: Sie hören / Du hörst folgende Nachricht. Hören Sie / Hör gut zu und schreiben Sie / schreib
die wichtigsten Informationen auf. Sie hören / Du hörst den Text zweimal.

10 / 30 Punkte

Notizen – Sprechstunde bei Lehrerin

Wann: am _____ von _____ Uhr bis 20 Uhr

Wo: _____

Geld für Schulausflug: _____ Euro

Telefonnummer: 0771 / _____

🔘 15

Aufgabe 3

Lesen Sie / Lies die Aufgabe 3 gut durch. Sie haben / Du hast 30 Sekunden Zeit.
Situation: Sie hören / Du hörst ein Interview, bei dem fünf Personen befragt werden.
Hören Sie / Hör gut zu und kreuzen Sie / kreuze die richtigen Antworten an.
Pro Person sind mehrere Antworten möglich. Sie hören / Du hörst die Texte einmal.

10 / 30 Punkte

Welchen Beruf finden Sie besonders interessant?

	Arzt/ Ärztin	Bäcker/ Bäckerin	Lehrer/ Lehrerin	Verkäufer/ Verkäuferin	Koch/ Köchin
1 Sprecherin					
2 Sprecher					
3 Sprecherin					
4 Sprecher					
5 Sprecherin					

89

WORTSCHATZ UND REDEMITTEL

1 a Das österreichische Schul- und Ausbildungssystem (vereinfachte Darstellung).
Sehen Sie sich die Grafik an und lesen Sie den Text.

Schuljahre				Schultyp	
9–12/13	Berufsschule und Lehre	Berufsbildende Mittlere Schule	Kollegs	Fachhochschule oder Pädagogische Hochschule	Universität
	Polytechnische Schule		Berufsbildende Höhere Schule	Allgemeinbildende Höhere Schule (Oberstufe)	
5–8	Hauptschule / Neue Mittelschule			Allgemeinbildende Höhere Schule (Unterstufe)	
1–4	Volksschule				
	Kindergarten				

Allgemeine Schulpflicht 1–9

90

Lernen, Ausbildung, Beruf

Alle Kinder kommen mit sechs oder sieben Jahren in die Schule. Die Schulzeit beginnt mit der Volksschule, die vier Jahre dauert. Danach besuchen die Kinder nochmal vier Jahre lang eine Schule – sie gehen auf die Hauptschule / Neue Mittelschule oder auf die Allgemeinbildende Höhere Schule (Unterstufe).
Der Unterricht beginnt in allen Schulen meistens um acht Uhr und eine Unterrichtsstunde dauert normalerweise 50 Minuten. In Österreich gehen Jungen und Mädchen zusammen auf eine Schule und in eine Klasse.

Nach der Unterstufe oder Mittelschule hat man verschiedene Möglichkeiten für die weitere Ausbildung:

1. Man kann ein Jahr lang eine Polytechnische Schule besuchen, dann hat man insgesamt 9 Jahre die Schule besucht. Diese neun Jahre sind Schulpflicht, d.h. so lange muss man zur Schule gehen. Nach der Polytechnischen Schule kann man einen Beruf lernen. Man geht drei Jahre zur Berufsschule und macht eine Lehre.
2. Man geht vier oder fünf Jahre zur Berufsschule und macht eine Lehre. In der Lehre lernt man den Beruf in der Praxis und geht gleichzeitig zur Berufsschule. Lehrberufe sind zum Beispiel Bäcker/Bäckerin, Gärtner/Gärtnerin, Koch/Köchin oder Tischler/Tischlerin.
3. Man besucht nochmal vier Jahre die Allgemeinbildende Höhere Schule (Oberstufe). Danach kann man zur Universität gehen und studieren. Ein Studium braucht man, wenn man zum Beispiel Arzt oder Lehrer werden will.

Von der zweiten Klasse Volksschule bis zur letzten Klasse der Allgemeinbildenden Höheren Schule (Oberstufe) bekommen die Schüler Noten und Zeugnisse. Die Notenskala geht von „1 = sehr gut" bis „5 = nicht genügend". Nach 12 oder 13 Schuljahren (Allgemeinbildende Höhere Schule / Oberstufe) kann man die Matura machen.

b Ergänzen Sie die Sätze mit den Informationen von der Aufgabe 1a (Grafik und Text).

1. Mit sechs Jahren kommen die Kinder in die _Volksschule_.
2. Die Volksschule dauert _____ Jahre.
3. Nach der Polytechnischen Schule können die Jugendlichen eine _____ machen.
4. Der Abschluss von der Allgemeinbildenden Höheren Schule (Oberstufe) heißt _____.
5. Jedes Kind / Jeder Jugendliche muss mindestens _____ Jahre zur Schule gehen.
6. Wenn man acht Jahre auf die Allgemeinbildende Höhere Schule gegangen ist, kann man _____.
7. Eine _____ kann man vier oder fünf Jahre besuchen.
8. In der Schule bekommen die Schüler _____ und Zeugnisse.

WORTSCHATZ UND REDEMITTEL

2

a Das Schulsystem in Ihrem Land. Machen Sie sich Notizen zu den folgenden Fragen.

- Mit wie viel Jahren kommen die Kinder in die Schule? _____
- Wie viele Jahre muss man mindestens zur Schule gehen? _____
- Gibt es Zeugnisse? _____
- Wie ist das Notensystem? _____
- Gehen Jungen und Mädchen zusammen auf eine Schule / in eine Klasse? _____

b Das Schulsystem in Ihrem Land. Können Sie noch etwas ergänzen?

Schuluniform tragen, man muss für den Schulbesuch / die Bücher bezahlen, …

c Erzählen Sie vom Schulsystem in Ihrem Land. Verwenden Sie die Redemittel und Satzanfänge.

- Bei uns / In meinem Heimatland / In/Hier in …
- Wir haben (auch) …
- Bei uns gibt es (auch) / kein/keine …
- Jungen und Mädchen gehen auch zusammen … / Jungen und Mädchen gehen in verschiedene …
- Das Notensystem sieht so aus: Es gibt …

In … kommen die Kinder mit … Jahren in die Schule.
Diese Schule heißt … Danach besuchen die Kinder den/das/die ….

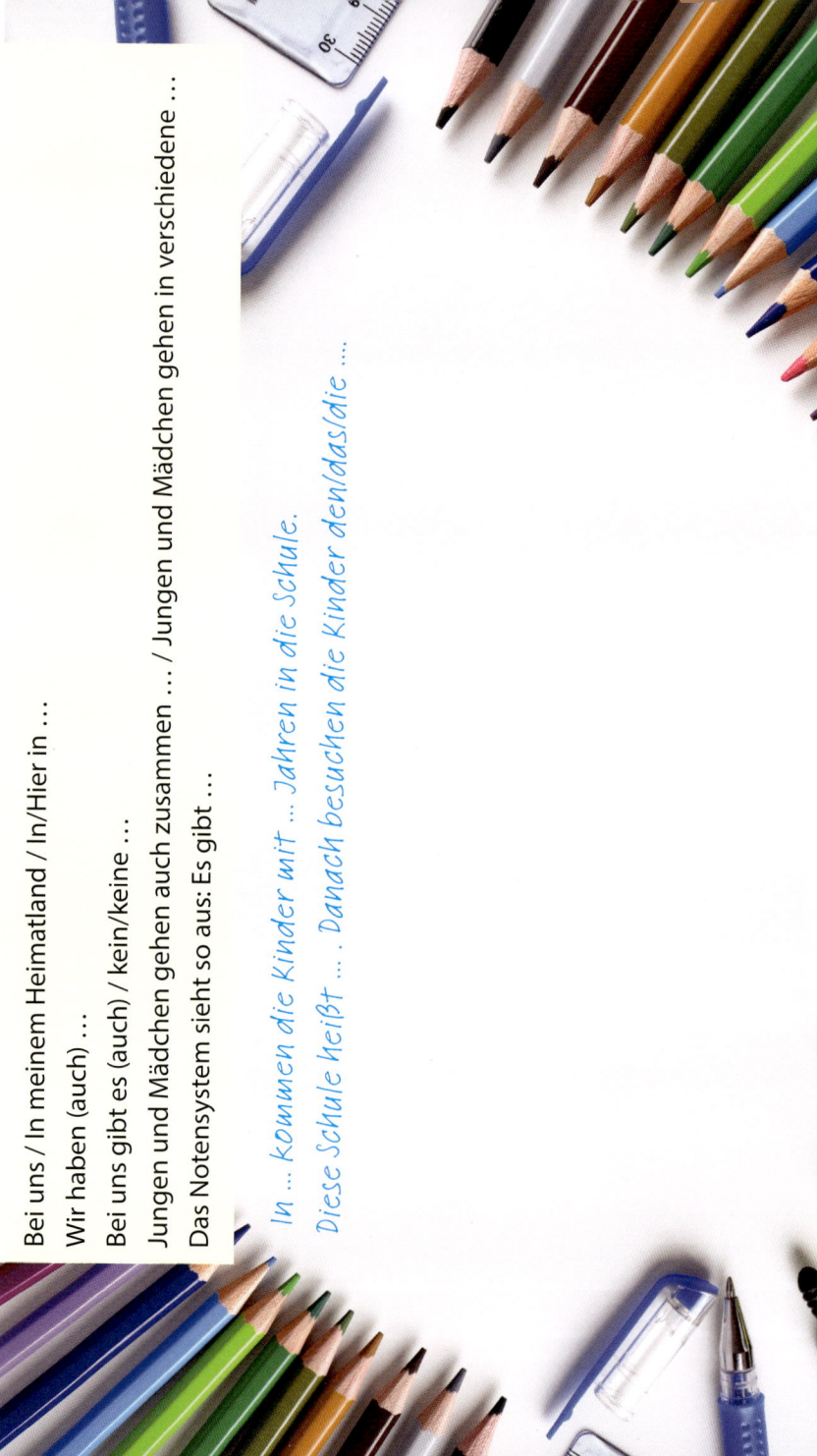

92

Lernen, Ausbildung, Beruf

3

a Partnerarbeit. Partner A: Was passt zu Ihrem Beruf? Kreuzen Sie an. Können Sie noch etwas ergänzen?

in einer Schule arbeiten ☐	in einem Fremdspracheninstitut arbeiten ☐	in einer Firma arbeiten ☐
in einer Fabrik arbeiten ☐	in einem Kaufhaus arbeiten ☐	zu Hause arbeiten ☐
(in andere Länder) reisen ☐	(viel) mit dem Auto fahren / unterwegs sein ☐	(viel) mit dem Fahrrad fahren / unterwegs sein ☐
mit Kindern arbeiten ☐	mit Jugendlichen arbeiten ☐	mit älteren und alten Menschen arbeiten ☐
mit Tieren arbeiten ☐	in der Natur sein ☐	viele Menschen treffen / kennenlernen ☐
Menschen helfen ☐	am Computer arbeiten ☐	mit den Händen arbeiten ☐
allein arbeiten ☐	mit Kollegen zusammenarbeiten / im Team arbeiten ☐	viel Geld verdienen ☐
man muss studiert haben ☐	man muss eine Berufsbildende Höhere Schule besucht haben ☐	man muss eine Berufsbildende Mittlere Schule besucht haben ☐
(sehr) früh aufstehen ☐	bis spät arbeiten ☐	(auch) nachts arbeiten ☐

Partner B arbeitet auf der nächsten Seite

Unterricht vorbereiten und geben E-Mails schreiben, ...

WORTSCHATZ UND REDEMITTEL

b Partner A nennt seinen Beruf. Partner B muss raten: Welche Informationen hat Partner A angekreuzt oder ergänzt? Vergleichen Sie die Antworten und begründen Sie sie. Wechseln Sie dann die Rollen und sprechen Sie über den Beruf von Partner B.

☐ in einer Schule arbeiten	☐ in einem Fremdspracheninstitut arbeiten	☐ in einer Firma arbeiten
☐ in einer Fabrik arbeiten	☐ in einem Kaufhaus arbeiten	☐ zu Hause arbeiten
☐ (in andere Länder) reisen	☐ (viel) mit dem Auto fahren / unterwegs sein	☐ (viel) mit dem Fahrrad fahren / unterwegs sein
☐ mit Kindern arbeiten	☐ mit Jugendlichen arbeiten	☐ mit älteren und alten Menschen arbeiten
☐ mit Tieren arbeiten	☐ in der Natur sein	☐ viele Menschen treffen / kennenlernen
☐ Menschen helfen	☐ am Computer arbeiten	☐ mit den Händen arbeiten
☐ allein arbeiten	☐ mit Kollegen zusammenarbeiten / im Team arbeiten	☐ viel Geld verdienen
☐ man muss studiert haben	☐ man muss eine Berufsbildende Höhere Schule besucht haben	☐ man muss eine Berufsbildende Mittlere Schule besucht haben
☐ (sehr) früh aufstehen	☐ bis spät arbeiten	☐ (auch) nachts arbeiten

Partner A arbeitet auf der vorigen Seite

Lernen, Ausbildung, Beruf

5

c Was finden Sie positiv, was finden Sie negativ an Ihrem Beruf? Notieren Sie vier Informationen.

positiv: _____

negativ: _____

d Schreiben Sie Sätze über Ihren Beruf. Verwenden Sie die Redemittel und Satzanfänge.

Ich arbeite als … / Ich bin … von Beruf.
Ich arbeite …
Ich kann … / Ich muss …
Positiv/Negativ an meinem Beruf ist / finde ich, dass …
…

*Ich bin Deutschlehrer/Deutschlehrerin von Beruf.
Ich arbeite mit Kindern und Jugendlichen.*

95

SCHREIBEN

Schreibaufgabe Blatt 1

15 / 15 Punkte

Situation: Sie bekommen / Du bekommst von Ihrem/deinem Freund Thomas folgendes E-Mail:

von: **thomas.mar@net.at**
an: **freund.in@newnet.com**

Liebe/Lieber …,

endlich sind Schule und Lehre vorbei! Und stell dir vor: Ich habe gleich einen Job als Verkäufer bekommen! Seit einer Woche arbeite ich in einem Computergeschäft. Welche Schule(n) hast du besucht? Was hast du danach gemacht? Was bist du jetzt von Beruf?

Ich berate Kunden und verkaufe verschiedene Produkte. Das gefällt mir! Negativ an meinem Job ist, dass ich auch samstags arbeiten muss. ☹

Was ist positiv und was ist negativ an deinem Beruf?

Schreib mir mal!

Liebe Grüße
Thomas

Schreiben Sie ein E-Mail an Thomas (Blatt 2).

Beachten Sie folgende Punkte:
- Schreiben Sie circa 50 Wörter.
- Beantworten Sie alle Fragen.
- Schreiben Sie einen Gruß am Ende.

Lernen, Ausbildung, Beruf

Blatt 2

Schreiben Sie / Schreib das E-Mail weiter und beantworten Sie / beantworte die Fragen am Rand.

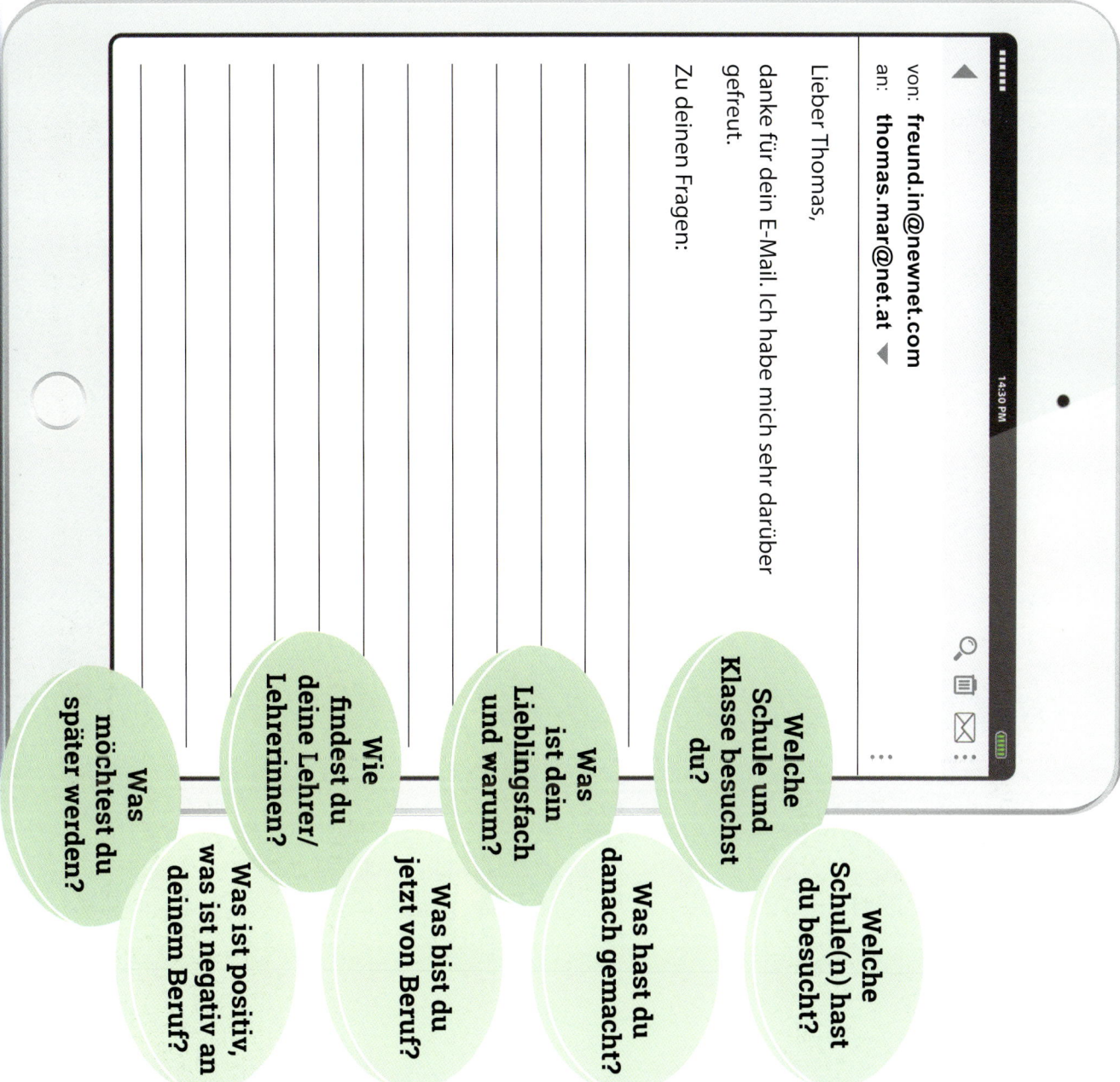

von: **freund.in@newnet.com**
an: **thomas.mar@net.at** ▼

Lieber Thomas,

danke für dein E-Mail. Ich habe mich sehr darüber gefreut.

Zu deinen Fragen:

- Welche Schule und Klasse besuchst du?
- Was ist dein Lieblingsfach und warum?
- Wie findest du deine Lehrer/Lehrerinnen?
- Was möchtest du später werden?
- Was ist positiv, was ist negativ an deinem Beruf?
- Was bist du jetzt von Beruf?
- Was hast du danach gemacht?
- Welche Schule(n) hast du besucht?

ÖSD KID A2

insgesamt 15 Minuten

SPRECHEN

Aufgabe 1   Sprich über dich

10 / 20 Punkte

Situation: Du ziehst in der Prüfung 5 Karten. Auf jeder Karte steht ein Thema. Sprich zu diesem Thema und erzähle etwas über dich (zu jedem Thema ein paar Sätze). Deine Gesprächspartnerin / Dein Gesprächspartner kann dir zu den Themen auch Fragen stellen.

ÖSD KID A2	Sprechen Teil 1

Reisen

ÖSD KID A2	Sprechen Teil 1

Geschenke

ÖSD KID A2	Sprechen Teil 1

Aufgaben im Haushalt

ÖSD KID A2	Sprechen Teil 1

Kino

ÖSD KID A2	Sprechen Teil 1

Musik

Mögliche Antworten:
Ich helfe viel im Haushalt, ich decke den Tisch,
Am Wochenende muss ich …

Beispiel

ÖSD KID A2	Sprechen Teil 1

Aufgaben im Haushalt

Lernen, Ausbildung, Beruf

Aufgabe 1   Sich vorstellen

10 / 20 Punkte

Situation: Ihre Gesprächspartnerin / Ihr Gesprächspartner möchte Sie gerne kennenlernen. Sie erhalten ein Blatt mit 6 Fragen zu Ihrer Person. Wählen Sie 5 Themen aus und sprechen Sie darüber (zu jedem Thema ein paar Sätze). Ihre Gesprächspartnerin / Ihr Gesprächspartner wird Ihnen zu diesen Themen auch Fragen stellen.

- Aufgaben im Haushalt
- Kino
- … mache ich gern …
- Musik
- Geschenke
- Reisen

insgesamt 15 Minuten

ÖSD Zertifikat A2

SPRECHEN

Aufgabe 2 Gemeinsam eine Aufgabe lösen

10 / 20 Punkte

ÖSD Zertifikat A2 — insgesamt 15 Minuten

Situation: Sie und Ihre Gesprächspartnerin / Ihr Gesprächspartner planen einen Ausflug mit ein paar Freunden. Sie haben sich dazu Fragen notiert. Besprechen Sie die Fragen mit Ihrer Gesprächspartnerin / Ihrem Gesprächspartner. Bereiten Sie sich auf das Gespräch vor. Sie haben dafür 10 Minuten Zeit.

ÖSD KID A2 — insgesamt 15 Minuten

Situation: Du willst mit deiner Gesprächspartnerin / deinem Gesprächspartner einen Ausflug mit ein paar Freunden organisieren. Sprich mit deiner Gesprächspartnerin / deinem Gesprächspartner darüber, was ihr machen wollt. Hast du noch andere Ideen oder Fragen? Bereite dich auf das Gespräch vor. Du hast dafür 10 Minuten Zeit.

Ausflug mit Freunden

Wohin?
 auf eine Insel?
 in eine Stadt?
 in die Berge?

Wann? Wo?
 Tag?
 Uhrzeit?
 wo treffen?

Wie unterwegs sein?
 Schiff?
 Bus?
 Fahrrad?

Was am Zielort machen?
am Strand liegen?
Stadt besichtigen?
 etwas anderes?

Wohnen und Umwelt

6

LESEN

ÖSD KID A2

insgesamt 35 Minuten

Aufgabe 1 Blatt 1

10 / 25 Punkte

Lies die folgenden Situationen (1 bis 7) und die Anzeigen (B bis F) auf Blatt 2.
Welche Anzeige passt zu welcher Situation?
Schreib die Lösung in das Kästchen rechts (siehe Beispiele).

Achtung: Für zwei Situationen findest du KEINE passende Anzeige.
Für diese Situationen schreib 0.

Schau dir zuerst die Beispiele an.

Situationen

		Anzeige
Beispiel Nr. 1	Du ziehst mit deiner Familie bald in eine neue Wohnung um. Dafür braucht ihr Hilfe.	A
Beispiel Nr. 2	Deine Mutter möchte einen großen Esstisch für euer Esszimmer.	0
1	Deine Freundin (16) möchte in ihrem Zimmer ein paar Dinge ändern. Sie sucht nach Ideen, wie und was sie machen kann.	☐
2	Dein Bruder (23) studiert ab dem nächsten Monat in einer anderen Stadt. Er braucht noch einen Kleiderschrank für seine neue Wohnung.	☐
3	Du suchst eine Wanduhr und Bilder für dein Zimmer, aber du möchtest nicht viel Geld dafür ausgeben.	☐
4	Deine Mutter möchte gern eine Spülmaschine haben.	☐
5	Deine Cousine und ihr Mann suchen eine Wohnung. Die beiden haben einen Hund.	☐
6	Deine Eltern suchen Hilfe, damit euer Garten schöner werden kann.	☐
7	Dein Onkel will ins Stadtzentrum umziehen, weil er dort eine neue Stelle gefunden hat.	☐

Blatt 2

A) REGO – Umzüge

Wir bieten einen unkomplizierten Service, damit Ihre Sachen schnell und sicher im neuen Zuhause sind.

Unser Angebot:
- regionale und internationale Umzüge
- Ein- und Auspacken

www.regoumzuege.ch

B) Wohnung mit Aussicht

Renovierte 2-Zimmer-Wohnung in der Innenstadt zu vermieten. Einkaufsmöglichkeiten, Bus- und Bahnverbindungen ganz nah. Wer Interesse hat, bitte anrufen oder mailen:
Franz Mitereger
Tel.: 0321 / 728355
Mail: franz.mitereger@hayoo.com

C) Flohmarkt am Hagener-Platz

- jeden ersten Sonntag im Monat von 10 Uhr bis 18 Uhr
- Kleidung, Schmuck, Bücher, Geschirr
- Kleinmöbel, andere kleine Dinge

Hagener-Platz, Bergstr. 27
234657 Berlin

D) JuWo

Das monatliche Möbel-Magazin. Ein Thema in diesem Heft: Wie sieht ein modernes Jugendzimmer aus? 100 kluge Ideen zum Einrichten

E) Wohnmarkt in Österreich

Frisch renovierte 3-Zimmer-Wohnung (82 m²) Küche, Bad, WC Erdgeschoss, großer Garten mit Terrasse
Haustiere erlaubt
Miete: 1250 Euro/Monat
www.immoesterreich.at

F) Gartengestaltung Haßlburger

Vom Gartentraum zum Traumgarten! Wir planen Ihren Wunsch-Garten, kümmern uns um die Pflanzen und auch um passende Gartenmöbel.

www.hasslburger.at

Wohnen und Umwelt

ÖSD Zertifikat A2

insgesamt 30 Minuten

LESEN

Aufgabe 1 Blatt 1

15 / 25 Punkte

Lesen Sie die 10 Überschriften auf Blatt 1 und die 5 Texte auf Blatt 2. Suchen Sie dann zu jedem Text (1 bis 5) die passende Überschrift (A bis K) und schreiben Sie den Buchstaben auf die Linie über dem Text (1 Überschrift: ___).

Pro Text gibt es nur eine richtige Lösung.

A Wohnzimmermöbel zu Sonderpreisen

B Ausländische Möbelgeschäfte werden immer beliebter

C Das Badezimmer und seine Geschichte

D Die Nummer 1 unter den Möbelstücken

E Deutschlands Städte: So findet jeder eine Wohnung

F Ideen für Ihr neues Zuhause am Wochenende

G Teuer, aber Qualität: Veränderungen im Badezimmer

H Wo wohnen die Deutschen in Zukunft?

I Öffentliche Badehäuser in vielen Städten

K Bad und Natur: Praktische Tipps

104

Blatt 2

Wohnen und Umwelt

1 Überschrift: _____

Schon seit Jahrtausenden ist das Thema Sauberkeit in vielen Kulturen sehr wichtig. Bereits 2000 v. Christus hat es im alten Ägypten Badezimmer mit Badewannen und einer Art Dusche gegeben. Ab 1870 ist das Wasser in vielen europäischen Städten bis in die Wohnungen gekommen. Heute ist ein Bad in jeder Wohnung etwas Normales.

(aus einer deutschen Zeitung)

2 Überschrift: _____

Am kommenden Samstag und Sonntag findet in Wien im MAK (Museum für Angewandte Kunst) wieder die Wohnmesse statt. Die Besucherinnen und Besucher können sich dort an beiden Tagen von 10 Uhr bis 18 Uhr über die verschiedensten Wohnmöglichkeiten informieren. Firmen und Möbelhäuser aus Österreich und anderen europäischen Ländern zeigen ihre Produkte und Serviceangebote.

(von einer österreichischen Website)

3 Überschrift: _____

Laut Statistik leben knapp 75 Prozent der Deutschen in der Stadt, bis 2030 könnten es 78,6 Prozent sein. Die Einwohner auf dem Land werden weniger und deshalb gibt es in immer mehr Städten zu wenig Platz zum Wohnen. Gleichzeitig finden die meisten Leute es negativ, dass so viele Menschen in der Stadt leben. Ziehen also bald wieder mehr Deutsche aufs Land?

(von einer deutschen Website)

4 Überschrift: _____

Das Wohnzimmer ist das Zentrum einer Wohnung. Hier trifft sich die ganze Familie. Und das Sofa ist ganz klar das Herzstück eines jeden Wohnzimmers. Eequem darauf liegen, vielleicht einen Mittagsschlaf machen, Zeitung lesen, zusammen mit jemand anderem darauf sitzen und Fotos ansehen oder mit dem Hund oder der Katze einfach entspannen – immer ist es gemütlich!

(von einer österreichischen Website)

5 Überschrift: _____

Sind Sie auch jemand, der Zahncremetuben, Duschgel- und Shampooflaschen aus Plastik benutzt? Und der die leere Verpackung dann auch einfach wegwirft und nicht daran denkt, wie schädlich dieser Badezimmermüll für die Umwelt ist? Unter *www.hausundbad.ch* zeigen wir, wie es weniger von diesem Abfall gibt und wo Sie Kosmetikprodukte bekommen, die gut für Ihre Gesundheit und dabei günstig sind.

(von einer Schweizer Website)

LESEN

insgesamt 30 Minuten

Aufgabe 2 Blatt 1

Lesen Sie / Lies zuerst den folgenden Text.
Lösen Sie / Löse dann die 5 Aufgaben auf Blatt 2.

10 / 25 Punkte

Das Bremer Wohnprojekt
Jung und Alt unter einem Dach

Irmgard Bauer ist 74 Jahre alt und seit Beginn beim Wohnprojekt *Alt und Jung unter einem Dach* in Bremen dabei. Zwanzig Erwachsene und Kinder leben zusammen in einem großen Haus, aber in siebzehn getrennten Wohnungen. Der jüngste Bewohner ist gerade sechs Monate alt, der älteste 82 Jahre.

Mit jungen und alten Menschen zusammen zu wohnen – diese Idee hatte Irmgard, als sie 60 war. „Wenn man Kontakt zu Jüngeren hat, kann man immer etwas lernen und bleibt selbst auch jung", sagt sie. „Deshalb ist ein Altersheim nichts für mich."

Zwölf Jahre ist Irmgard nun schon im Wohnhaus. Ihre Enkel leben weit weg und sie kann sie nicht oft sehen. Deshalb ist es für sie besonders schön, dass auch Familien hier wohnen.

Irmgard liest mit den Kindern täglich Geschichten und geht einmal pro Woche mit ihnen auf den Spielplatz. Wenn sie verreist, kümmern sich die Bewohner um ihren Hund und ihre Blumen. Wenn sie krank ist, bringen sie ihr, was sie braucht.

Seit ein paar Monaten gibt es das neu eingerichtete Bewohnercafé mit seinen gemütlichen Möbeln, einem Klavier und schönen Bildern. Hier findet an Feiertagen ein gemeinsames Frühstück statt. Jeden zweiten Samstagnachmittag treffen sich die Bewohner und sprechen darüber, wer die Flure putzt und wer die Gartenarbeit erledigt. Wenn es Menschen gibt, die sich für eine freie Wohnung interessieren, sprechen die Bewohner auch darüber, wer neu einziehen darf.

(aus einer deutschen Zeitung)

Blatt 2

Markieren Sie / Markiere die richtige Antwort (A oder B oder C).
Für jede Aufgabe (1 bis 5) gibt es nur eine richtige Lösung (siehe Beispiel).

Beispiel

0 Irmgard Bauer …

- [x] A gehört zu den ersten Bewohnerinnen im Haus.
- [ ] B ist die älteste Bewohnerin im Haus.
- [ ] C lebt mit 20 Familien in einem Haus.

1 Mit 60 wollte Irmgard …

- [ ] A allein eine Wohnung haben.
- [ ] B ihre Wohnsituation ändern.
- [ ] C mehr Kontakt zu Menschen im gleichen Alter.

2 Seit Irmgard Bauer dort wohnt, …

- [ ] A besuchen ihre Enkel sie häufig.
- [ ] B geht sie täglich mit den Kindern auf den Spielplatz.
- [ ] C unternimmt sie verschiedene Dinge mit den Kindern.

3 Wenn Irmgard Bauer eine Reise macht, …

- [ ] A bringt sie ihren Hund ins Tierheim.
- [ ] B kümmert sich jemand um ihre Blumen.
- [ ] C machen ihre Kinder ihre Wohnung sauber.

4 Im Bewohnercafé …

- [ ] A fehlen noch die Möbel.
- [ ] B frühstücken alle jedes Wochenende zusammen.
- [ ] C kann man Musik machen.

5 Zweimal im Monat …

- [ ] A arbeiten die Bewohner zusammen im Garten.
- [ ] B diskutieren alle über alltägliche Themen.
- [ ] C ziehen neue Leute ein.

Wohnen und Umwelt

LESEN

ÖSD KID A2

insgesamt 35 Minuten

Aufgabe 3

5 / 25 Punkte

Situation: Du liest in einer Jugendzeitschrift folgenden Text.
Der Text hat fünf Lücken (1 bis 5).
Finde für jede Lücke das passende Wort und schreib es hinein!

Achtung: Es gibt ein paar Wörter zu viel!

Wohnen auf dem Hausboot

Was ist eigentlich ein Hausboot? Wie der Name schon sagt, ist es ein Haus auf einem Boot. Es (0) _schwimmt_ also auf dem Wasser.

Hausboote (1) _____ man in vielen europäischen Städten wie London, Paris, Berlin, Kopenhagen und natürlich Amsterdam. In der niederländischen Hauptstadt (2) _____ ein Hausboot traditionell zum Alltag.

Das Ideale ist: Wenn man auf einem Hausboot wohnt, (3) _____ man gleichzeitig in der Stadt und in der Natur.

Wer ein Hausboot als sein Zuhause (4) _____, hat auch andere Vorteile: Es ist oft billiger als eine normale Wohnung oder ein normales Haus. Und es ist mobil und man (5) _____ mit seinem kompletten Haus verreisen.

- bedeutet
- **schwimmt**
- lässt
- sieht
- fährt
- lebt
- kann
- gehört
- steht
- wählt

108

Wohnen und Umwelt 6

ÖSD Zertifikat A2 | ÖSD KID A2

insgesamt 15 Minuten

HÖREN

Aufgabe 1
10 / 30 Punkte

Lesen Sie / Lies die Aufgabe 1 gut durch. Sie haben / Du hast 30 Sekunden Zeit.
Situation: Im Radio hören Sie / hörst du 2 verschiedene Texte mit dem gleichen Inhalt. Hören Sie / Hör gut zu und markieren Sie / markiere die Antworten. Es gibt vier richtige Antworten. Sie hören / Du hörst die Texte einmal.

Was ist bei einer Wohnung besonders wichtig?

☐ Keller ☐ Gästezimmer ☐ Balkon ☐ Lift
☐ moderne Küche ☐ Holzböden ☐ große Fenster ☐ Garagenplatz

Aufgabe 2
10 / 30 Punkte

Lesen Sie / Lies die Aufgabe 2 gut durch. Sie haben / Du hast 30 Sekunden Zeit.
Situation: Sie hören / Du hörst folgende Nachricht. Hören Sie / Hör gut zu und schreiben Sie / schreib die wichtigsten Informationen auf. Sie hören / Du hörst den Text zweimal.

Notizen – Wohnungsbesichtigung

Wohnung ist in der: _____ straße
Tag: am _____ November   Treffpunkt: U-Bahnhaltestelle _____
Uhrzeit: _____ Uhr   Telefonnummer: 0885 / _____

Aufgabe 3
10 / 30 Punkte

Lesen Sie / Lies die Aufgabe 3 gut durch. Sie haben / Du hast 30 Sekunden Zeit.
Situation: Sie hören / Du hörst ein Interview, bei dem fünf Personen befragt werden. Hören Sie / Hör gut zu und kreuzen Sie / kreuze die richtigen Antworten an. Pro Person sind mehrere Antworten möglich. Sie hören / Du hörst die Texte einmal.

Worüber ärgern Sie sich bei Ihren Nachbarn?

	laute Musik	grillen	neugierig sein	Fahrräder im Hausflur	Kinder machen Lärm
1 Sprecherin					
2 Sprecher					
3 Sprecherin					
4 Sprecher					
5 Sprecherin					

109

WORTSCHATZ UND REDEMITTEL

1 a Rund ums Wohnen. Notieren Sie.

das Arbeitszimmer • das Bad / das Badezimmer • der Balkon • das Dachgeschoss • das Erdgeschoss • der Garten • der Keller • die Küche • das Schlafzimmer • der 1. Stock • das Wohnzimmer

das Arbeitszimmer

b Kennen Sie noch andere Zimmer? Notieren Sie.

das Kinderzimmer, ...

Wohnen und Umwelt 6

c Wo ist das? Ergänzen Sie. Es gibt mehrere Möglichkeiten.

links • hinten • oben • rechts • unten • vorn

1 Das Kinderzimmer ist im Erdgeschoss _links_.
2 Das Arbeitszimmer ist _____, im Dachgeschoss.
3 Im ersten Stock _____ ist das Wohnzimmer.
4 _____ ist ein kleiner Garten, aber _____ gibt es einen großen Garten.
5 Die Waschmaschine steht _____ im Keller.

2

a Möbel und andere Einrichtungsgegenstände. Schreiben Sie.

1 TUHLS _STUHL_
2 RASCHKN _____
3 HITSC _____
4 TETB _____
5 GERAL _____
6 LESESS _____
7 ASFO _____
8 EMPLA _____
9 PEPICHT _____
10 DILB _____
11 NISKES _____
12 GIESLEP _____

b Finden Sie Komposita und notieren Sie sie. Es gibt mehrere Möglichkeiten. Können Sie noch weitere Wörter ergänzen?

Balkon- • Bücher- • Büro- • Badezimmer- • Ess- • Garten- • Kinder- • Kleider- • Küchen- • Schreib- • Sofa- • Wohnzimmer-

-bett • -kissen • -lampe • -regal • -schrank • -schränkchen • -stuhl/stühle • -tisch • -möbel

Balkonstuhl/Balkonstühle, Bürostuhl/Bürostühle, Balkonmöbel, …

111

WORTSCHATZ UND REDEMITTEL

3 a Welches Wort passt wohin? Ordnen Sie zu. Es gibt mehrere Möglichkeiten.

die Bank • die Berge • die Burg • der Dom • das Dorf • der Friseurladen • der Fluss • die Häuser • das Kino • die Kirche • das Meer • der Park • der Platz • die Post • das Schloss • die Schule • das Schwimmbad • der See • die Stadt • der Strand • der Supermarkt • der Wald

Geschäfte und wichtige Gebäude

der Dom, …
_____
_____
_____
_____

die Bank, …
_____
_____
_____
_____

Sehenswürdigkeiten

Umwelt

der Wald, …
_____
_____
_____
_____

b Können Sie noch etwas ergänzen?

112

Wohnen und Umwelt 6

4

a Von welchem Zimmer aus haben Sie eine schöne Aussicht? Was sehen Sie? Was gibt es (außerdem) in Ihrem Stadtviertel? Ergänzen Sie den Notizzettel.

Zimmer? *das/die ...*

Was? *einen/ein/eine ... / den/das/die ...*

Stadtviertel? *...*

b Schreiben Sie einen kleinen Text mit Ihren Notizen von der Aufgabe 4a. Verwenden Sie auch Redemittel.

Vom / Von der / Von meinem / Von meiner ... aus habe ich eine schöne Aussicht!
Ich sehe einen/ein/eine / den/das/die ...
Wenn ich im / in der ... sitze/bin, habe ich eine schöne Aussicht! Ich kann einen/ein/eine / den/das/die ... und ... sehen.
Wenn ich im / in der ... sitze/bin, sehe ich einen/ein/eine ..., den/das/die ... und ...
Mein Stadtviertel ist (sehr/nicht so/gar nicht) schön / ganz okay. Es gibt ..., aber es gibt keinen/kein/keine ...

Von meinem Wohnzimmer aus habe ich eine schöne Aussicht! Ich sehe eine Schule, ... und das Meer! Außerdem kann ich ...

WORTSCHATZ UND REDEMITTEL

5 **Elektrische Geräte. Lesen Sie die Beschreibungen und ordnen Sie zu.**

der Elektroherd • der Fernseher • der Kühlschrank • das Radio •
die Spülmaschine • die Waschmaschine • der Wasserkocher

1 Dieses Gerät ist nicht so groß. Man hört damit z.B. Musiksendungen, Reportagen oder die Nachrichten.
das Radio

2 Auch dieses Gerät ist klein. Man macht darin schnell Wasser heiß, das man für den Kaffee oder den Tee braucht.
_____

3 Dieses Gerät gibt es in verschiedenen Größen. Man kann damit z.B. Spielfilme, Reportagen oder die Nachrichten sehen. Oft kann man zwischen sehr vielen Programmen auswählen.
_____

4 Dieses Gerät steht in der Küche. Milch, Joghurt, Obst, Gemüse und andere Lebensmittel stehen darin. Die beste Temperatur in diesem Gerät ist 7 Grad Celsius.
_____

5 Dieses Gerät steht auch in der Küche und ist groß. Man braucht es zum Kochen.
_____

6 Dieses Gerät ist auch groß und steht in der Küche. Es wäscht Messer, Gabeln, Löffel, Gläser, Tassen, Teller und anderes Geschirr.
_____

7 Dieses Gerät steht manchmal in der Küche, manchmal im Badezimmer und manchmal im Keller. Es wäscht die Wäsche.
_____

Wohnen und Umwelt

6
a Ein Umzug. Welche Möbel und elektrischen Geräte kann man wohin stellen? Es gibt mehrere Möglichkeiten.

in die Küche	ins Wohnzimmer	ins Badezimmer	ins Schlafzimmer
ins Arbeitszimmer	in den Keller	auf den Balkon	in den Garten

den Elektroherd

b Der Freundin / Dem Freund in der neuen Wohnung helfen. Sagen Sie, was Sie machen bzw. fragen Sie, was Sie machen sollen.

Ich stelle / Wir stellen den Elektroherd in die Küche.

oder

Soll ich / Sollen wir die Waschmaschine in den Keller stellen?

7
a Eine gute Nachbarschaft. Ordnen Sie zu. Können Sie noch etwas ergänzen?

1. nett und freundlich — a helfen
2. für Ordnung und Sauberkeit im Treppenhaus — b machen
3. gar keinen / wenig Lärm — c parken
4. sich gegenseitig — d sein
5. das Auto nicht vor dem Hauseingang — e sorgen

sich nach dem Umzug vorstellen, …

b Was bedeutet eine gute Nachbarschaft für Sie? Erzählen Sie. Verwenden Sie die Redemittel. Die Informationen von der Aufgabe 7a können helfen.

Wichtig / Am wichtigsten ist für mich, dass …

Ich freue mich immer, wenn mein Nachbar / meine Nachbarn …

Es gefällt mir sehr / Ich finde es sehr schön, wenn alle Nachbarn …

Am wichtigsten ist für mich, dass mein Nachbar wenig Lärm macht. Ich finde es sehr schön, wenn alle Nachbarn nett und …

115

SCHREIBEN

Schreibaufgabe Blatt 1

15 / 15 Punkte

Situation: Sie bekommen / Du bekommst von Ihrer/deiner Freundin Emilia folgendes E-Mail:

von: emilia.bor@net.at
an: freund.in@newnet.com

Liebe /Lieber ...,

ich sitze auf meinem Balkon und freue mich über die Aussicht auf die Stadt und die Berge! Deshalb ist das hier auch mein Lieblingsplatz! Von welchem Zimmer aus hast du eine schöne Aussicht? Was siehst du von dort aus?

In meinem Stadtviertel gibt es alle wichtigen Geschäfte und ein Kino. Was gibt es in deinem Stadtviertel?

Besuch mich doch mal! Wann hast du Zeit?

Bis dann
Emilia

Schreiben Sie ein E-Mail an Emilia (Blatt 2).

Beachten Sie folgende Punkte:
- Schreiben Sie circa 50 Wörter.
- Beantworten Sie alle Fragen.
- Schreiben Sie einen Gruß am Ende.

Wohnen und Umwelt

Blatt 2

Schreiben Sie / Schreib das E-Mail weiter und beantworten Sie / beantworte die Fragen am Rand.

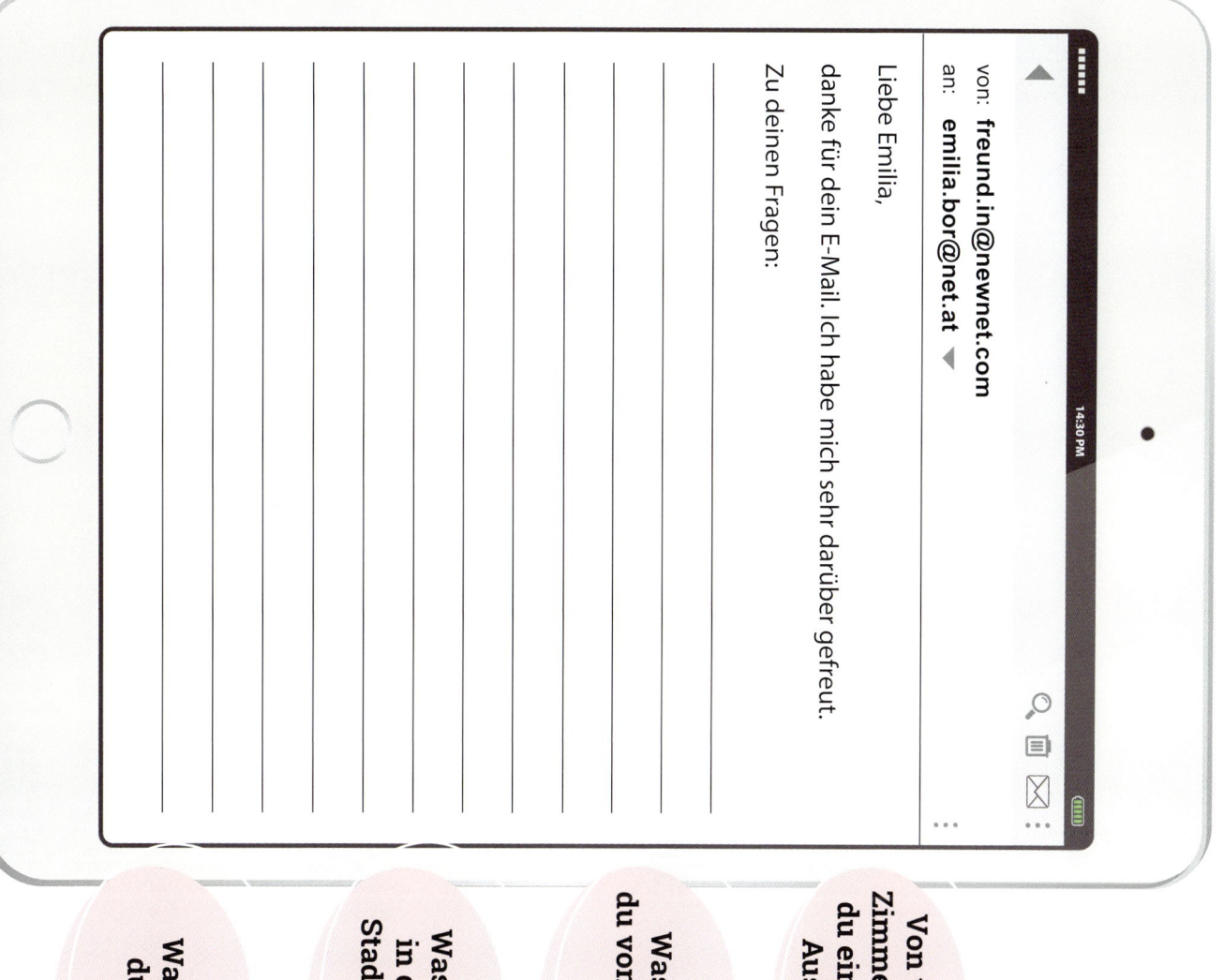

von: **freund.in@newnet.com**
an: **emilia.bor@net.at** ▼

Liebe Emilia,

danke für dein E-Mail. Ich habe mich sehr darüber gefreut.

Zu deinen Fragen:

- Von welchem Zimmer aus hast du eine schöne Aussicht?
- Was siehst du von dort aus?
- Was gibt es in deinem Stadtviertel?
- Wann hast du Zeit?

SPRECHEN

ÖSD KID A2

insgesamt 15 Minuten

Aufgabe 1 Sprich über dich

10 / 20 Punkte

Situation: Du ziehst in der Prüfung 5 Karten. Auf jeder Karte steht ein Thema. Sprich zu diesem Thema und erzähle etwas über dich (zu jedem Thema ein paar Sätze).

Deine Gesprächspartnerin / Dein Gesprächspartner kann dir zu den Themen auch Fragen stellen.

Sprechen Teil 1	Sprechen Teil 1
Ausgehen	**Familie**
ÖSD KID A2	ÖSD KID A2

Sprechen Teil 1	Sprechen Teil 1	Sprechen Teil 1
Sprachen	**Fernsehen**	**Einkaufen**
ÖSD KID A2	ÖSD KID A2	ÖSD KID A2

Mögliche Antworten:
Meine Muttersprache ist … .
Ich spreche … .

Sprechen Teil 1

Sprachen

Beispiel
ÖSD KID A2

118

Wohnen und Umwelt

ÖSD Zertifikat A2

insgesamt 15 Minuten

Aufgabe 1 Sich vorstellen

10 / 20 Punkte

Situation: Ihre Gesprächspartnerin / Ihr Gesprächspartner möchte Sie gerne kennenlernen. Sie erhalten ein Blatt mit 6 Fragen zu Ihrer Person. Wählen Sie 5 Themen aus und sprechen Sie darüber (zu jedem Thema ein paar Sätze). Ihre Gesprächspartnerin / Ihr Gesprächspartner wird Ihnen zu diesen Themen auch Fragen stellen.

- Sprachen
- Fernsehen
- ... mache ich gern ...
- Einkaufen
- Familie
- Ausgehen

SPRECHEN

Aufgabe 2 Gemeinsam eine Aufgabe lösen

10 / 20 Punkte

insgesamt 15 Minuten

ÖSD Zertifikat A2

Situation: Eine gemeinsame Freundin zieht in eine neue Wohnung. Sie und Ihre Gesprächspartnerin / Ihr Gesprächspartner wollen ihr beim Umzug helfen. Sie haben sich dazu Fragen notiert. Besprechen Sie die Fragen mit Ihrer Gesprächspartnerin / Ihrem Gesprächspartner. Bereiten Sie sich auf das Gespräch vor. Sie haben dafür 10 Minuten Zeit.

insgesamt 15 Minuten

ÖSD KID A2

Situation: Eine gemeinsame Freundin zieht in eine neue Wohnung. Du willst mit deiner Gesprächspartnerin / deinem Gesprächspartner beim Umzug helfen. Sprich mit deiner Gesprächspartnerin / deinem Gesprächspartner darüber, was ihr machen wollt. Hast du noch andere Ideen oder Fragen? Bereite dich auf das Gespräch vor. Du hast dafür 10 Minuten Zeit.

Beim Umzug helfen

 Was?
 Wann? Wer? Tag?
 Nach dem Umzug? zusammen kochen?

 Umzugskartons packen?
 Uhrzeit?
 ins Restaurant?

 Auto mieten?
 Wer hilft noch?
 etwas anderes?

 sauber machen?

Neue Wohnung? Möbel? elektrische Geräte? Nachbarn?

7

Urlaub, Ferien, Reisen

LESEN

ÖSD KID A2

insgesamt 35 Minuten

Aufgabe 1   Blatt 1

10 / 25 Punkte

Lies die folgenden Situationen (1 bis 7) und die Anzeigen (B bis F) auf Blatt 2. Welche Anzeige passt zu welcher Situation? Schreib die Lösung in das Kästchen rechts (siehe Beispiele).

Achtung: Für zwei Situationen findest du KEINE passende Anzeige. Für diese Situationen schreib 0.

Schau dir zuerst die Beispiele an.

Situationen

Anzeige

Beispiel Nr. 1	Du interessierst dich für die Vergangenheit von deiner Stadt. In den Ferien möchtest du etwas darüber lernen.	A
Beispiel Nr. 2	Du möchtest deine Note in Deutsch verbessern. Deshalb suchst du einen Privatlehrer.	0
1	Deine Eltern möchten ins Ausland reisen und suchen günstige Flüge.	☐
2	Dein Lehrer plant eine Klassenfahrt. Deine Mitschüler und du wollt ihm dabei helfen.	☐
3	Deine Cousine interessiert sich sehr für die Natur. Sie möchte in den Ferien an einem Freiwilligen-Projekt teilnehmen.	☐
4	Du möchtest im Sommer mit anderen Kindern zusammen sein und gleichzeitig einen Sprachkurs machen.	☐
5	Du machst gern Sport und möchtest in den Ferien eine Wassersportart lernen.	☐
6	Deine Freundin fährt am Wochenende mit ihren Eltern nach Wien und sucht eine Unterkunft im Zentrum.	☐
7	Du bleibst in den Sommerferien zu Hause und suchst interessante Aktivitäten für diese Zeit.	☐

Blatt 2

A — Jugend-Museum *Fokus*

- Ausstellung „Die letzten 100 Jahre"
- Werkstatträume für kreative Projekte
- Touren durch verschiedene Wohnviertel
- spannende Kulturprogramme in den Sommerferien

Mehr Infos: www.jugend-museen.de

B — Reiselust – Der beste Partner für Urlaub und Erholung

Wir haben weltweit die perfekten Urlaubsziele für jeden Geschmack! Unsere Aktionstage: Jetzt zum Sparpreis an 25 Orte in Europa fliegen.

info@trip-lust.com

C — ILaF-Feriencamp

Englisch oder Französisch lernen, Spaß haben, Leute kennenlernen! Unterricht mit erfahrenen Lehrern in kleinen Gruppen (6–10 Teilnehmer) und interessante Aktivitäten in der Freizeit erleben.

Infos und Kontakt: Tel. 031 / 2465733

D — Sommer – Ferien – Abenteuer

Hier bekommst du 50 Tipps, was du alles in den Ferien in deinem Stadtteil machen kannst: Im Freien, bei Regen, am Abend: Geocaching, Sport, Gesellschaftsspiele und vieles mehr!

www.ur-bia.ch

E — UWZ Hotel-Experte

Du suchst Übernachtungsmöglichkeiten in europäischen Hauptstädten? Mit einem Klick findest du unter www.uwz.com ganz einfach das richtige Hotel oder die richtige Pension.

Bis Juni: Spezielle Angebote für Paare und Familien.

F — Europareisen für junge Leute

Bei uns gibt es ein großes Angebot an Reisezielen und Unternehmungen für Gruppenfahrten und Schülerreisen. Wir arbeiten mit langjährigen Partnern am Reiseort zusammen und organisieren auch Programme nach eigenen Wünschen.

www.youth-austria.at

LESEN

ÖSD Zertifikat A2

insgesamt 30 Minuten

15 / 25 Punkte

Aufgabe 1 Blatt 1

Lesen Sie die 10 Überschriften auf Blatt 1 und die 5 Texte auf Blatt 2. Suchen Sie dann zu jedem Text (1 bis 5) die passende Überschrift (A bis K) und schreiben Sie den Buchstaben auf die Linie über dem Text (1 Überschrift: ___).

Pro Text gibt es nur eine richtige Lösung.

A Aktion für saubere Urlaubsorte

B Berufsberatung für Tourismusjobs

C Richtige Erholung: Lieber wenige Tage, dafür öfter

D Badeferien in wunderschöner Gebirgslandschaft

E Von Österreich in die Nachbarländer: Jetzt günstig buchen!

F Fantastisches Urlaubsziel: Sport, Bewegung, gutes Essen

G Ratschläge von Experten: Hier finden Sie Entspannung!

H Urlaubsspaß – Von Insel zu Insel reisen

I Arbeiten, wo andere Urlaub machen

K Reisen in der Heimat: Angebote für Ältere

Blatt 2

Urlaub, Ferien, Reisen

1 Überschrift: _____

Reisen, ferne Länder und unterschiedliche Kulturen erleben: Der Tourismus bietet viele berufliche Perspektiven und Karrieremöglichkeiten – für Berufsanfänger genauso wie für Berufserfahrene. Reiseverkehrskaufmann, Koch oder Stewardess sind beliebt, aber für Berufe wie Busfahrer oder Kellner gibt es auch Arbeitsplätze.
Mehr Informationen unter: www.job-tour.at

(von einer österreichischen Website)

2 Überschrift: _____

Reisen für Rentner sind beliebt, weil man mit oder Bahn ist es für die meisten von ihnen am bequemsten. Österreich bietet verschiedene solcher Reisen im ganzen Land an. Diese Pensionistenreisen sind oft ein Kultururlaub, in dem man Sehenswürdigkeiten besichtigt und verschiedene Veranstaltungen besucht.

(von einer österreichischen Website)

3 Überschrift: _____

Psychologen haben herausgefunden, dass sich die Menschen im Urlaub zwar erholen, sich aber zwei bis drei Wochen nach der Rückkehr wieder genauso müde und schwach fühlen wie vor dem Urlaub. Deshalb empfehlen sie, immer mal wieder einen kurzen Urlaub zu machen als einmal einen langen. Auch am Feierabend und Wochenende sind Zeiten ohne Arbeit sehr wichtig.

(von einer Schweizer Website)

4 Überschrift: _____

Jeder kennt sie, die vier wunderschönen Inseln Mallorca, Ibiza, Formentera und Menorca im Mittelmeer. Über 14 Millionen Touristen besuchten sie im letzten Jahr. Die Urlauber bringen viel Geld ins Land. Aber es gibt auch ein großes Problem – den vielen Müll, der oft auch auf den Straßen und am Strand liegt. Deshalb verbietet man jetzt überall Plastikflaschen. Ein erster wichtiger Schritt, damit die Balearen wieder echte Urlaubsparadiese werden.

(aus einer deutschen Zeitung)

5 Überschrift: _____

Tirol gehört zur Alpenregion und hat Österreichs höchsten Berg, den Großglockner mit 3798 m Höhe. Wandern im Sommer, Ski fahren im Winter und die herrliche Aussicht auf die Berge erleben – das alles können Urlauber in Tirol. Berühmt ist auch die Kochkunst der Bergbewohner, die den Wanderer und Wintersportler mit leckeren Tiroler Knödeln, köstlichem Speck und traditionellen Süßspeisen erwartet.

(von einer österreichischen Website)

LESEN

insgesamt 30 Minuten

Aufgabe 2 Blatt 1

Lesen Sie / Lies zuerst den folgenden Text.
Lösen Sie / Löse dann die 5 Aufgaben auf Blatt 2.

Interrail – Mit dem Zug durch Europa

Interrail gibt es seit den 1970-er Jahren. Die Idee: Durch das Reisen mit dem Zug lernen die Europäer ihren Kontinent kennen. Die Interrail-Fahrkarten waren und sind deshalb günstig. Wer eine solche Reise machen möchte, muss aber in Europa wohnen.

Heutzutage können Familien, Jugendliche und Erwachsene in dreißig europäische Länder fahren. Es gibt Tickets für genau geplante Strecken und solche, wo man während der Reise entscheidet, wohin es weitergeht. Für einen Nachtzug bezahlt man etwas extra. Es ist aber immer noch billiger als zum Beispiel eine Übernachtung in einer Jugendherberge.

Die Studentinnen Marleen und Wiebke sind mit Interrail sechs Wochen lang durch Osteuropa gefahren. Die Länder, die sie besucht haben, haben sie noch nicht gekannt. Über die schönen Landschaften und die höflichen Osteuropäer haben sie sich sehr gefreut. Für ihre nächste Interrail-Tour möchten sie ein neues Reiseziel wählen. Sie planen außerdem, dort Ausflüge mit dem Fahrrad zu machen. Und sie wollen wieder zu zweit reisen.

Max ist mit zwei Freunden vier Wochen als Interrailer durch neun Länder gereist. Die drei haben erfolgreich die letzten Prüfungen an der Schule bestanden. Deshalb haben ihre Eltern ihnen diese Reise geschenkt. In einem Blog haben sie täglich darüber geschrieben, was sie Interessantes erleben. Es war ihnen wichtig, Europa kennenzulernen, aber besonders froh sind sie darüber, dass sie sich die ganze Zeit über so gut verstanden haben.

(aus einer deutschen Zeitschrift)

Blatt 2

Markieren Sie / Markiere die richtige Antwort (A oder B oder C).
Für jede Aufgabe (1 bis 5) gibt es nur eine richtige Lösung (siehe Beispiel).

Beispiel

0 Interrail

- [X] A gibt es schon viele Jahre.
- [ ] B ist für Menschen aus aller Welt.
- [ ] C war früher sehr teuer.

1 Wer heute ein Interrail-Ticket kauft …

- [ ] A kann das ohne genaues Reiseziel tun.
- [ ] B muss auch eine Unterkunft buchen.
- [ ] C muss mindestens 18 Jahre alt sein.

2 Marleen und Wiebke …

- [ ] A haben freundliche Leute getroffen.
- [ ] B haben in einem osteuropäischen Land studiert.
- [ ] C waren viele Monate in ganz Europa unterwegs.

3 Das nächste Mal …

- [ ] A besuchen sie wieder dieselben Orte.
- [ ] B möchten sie das Reiseland auch mit dem Fahrrad entdecken.
- [ ] C verreisen sie zusammen mit Bekannten.

4 Max und seine Freunde …

- [ ] A haben die Reise nach der Schulzeit gemacht.
- [ ] B hatten auf ihrer Reise Bücher zum Lernen dabei.
- [ ] C mussten lange für die Reise sparen.

5 Die drei Jugendlichen …

- [ ] A haben jeden Tag online von ihrer Reise berichtet.
- [ ] B haben nach der Reise einen Reiseführer geschrieben.
- [ ] C haben sich auf der Reise manchmal gestritten.

LESEN

Aufgabe 3

Situation: Du liest in einer Jugendzeitschrift folgenden Text.
Der Text hat fünf Lücken (1 bis 5).
Finde für jede Lücke das passende Wort und schreib es hinein!

Achtung: Es gibt ein paar Wörter zu viel!

Schulferien und Freiwilligen-Projekte

Alexander interessiert sich sehr für die Umwelt und reist gerne. In diesen Sommerferien (0) _wollte_ er beides kombinieren. Also suchte er im Internet eine passende Organisation und dann war klar: Er (1) _____ für drei Monate nach Peru und macht dort bei einem Naturschutz-Projekt mit.

Seine Aufgaben: Strände sauber machen, verletzten Tieren helfen und Bäume pflanzen. Weil Alexander Spanisch und Englisch spricht, (2) _____ er sich mit den anderen im Team und den Peruanern unterhalten. Seit fünf Wochen ist er wieder zurück und er (3) _____ die Menschen und das Land noch sehr. Aber es (4) _____ eine wichtige und schöne Erfahrung für ihn und deshalb (5) _____ er allen Jugendlichen, auch einmal bei so einem Projekt mitzumachen.

- war
- konnte
- vermisst
- besucht
- wollte
- sammelt
- hatte
- empfiehlt
- geht
- hofft

ÖSD KID A2

insgesamt 35 Minuten

5 / 25 Punkte

HÖREN

Urlaub, Ferien, Reisen

ÖSD Zertifikat A2 — ÖSD KID A2

insgesamt 15 Minuten

Aufgabe 1

Lesen Sie / Lies die Aufgabe 1 gut durch. Sie haben / Du hast 30 Sekunden Zeit.
Situation: Im Radio hören Sie / hörst du 2 verschiedene Texte mit dem gleichen Inhalt.
Hören Sie / Hör gut zu und markieren Sie / markiere die Antworten. Es gibt: vier richtige Antworten.
Sie hören / Du hörst die Texte einmal.

10 / 30 Punkte

Was haben Sie auf einer Reise immer dabei?

☐ Kleingeld ☐ Brille ☐ Kamera ☐ Tabletten gegen Kopfschmerzen

☐ Zeitung ☐ Kissen ☐ Sonnencreme ☐ Buch

Aufgabe 2

Lesen Sie / Lies die Aufgabe 2 gut durch. Sie haben / Du hast 30 Sekunden Zeit.
Situation: Sie hören / Du hörst folgende Nachricht. Hören Sie / Hör gut zu und schreiben Sie / schreib die wichtigsten Informationen auf. Sie hören / Du hörst den Text zweimal.

10 / 30 Punkte

Notizen – Zimmer-Reservierung

Termin: von 03. bis _____ Oktober Ausflüge mit: _____

Anreisetag: _____ Telefonnummer: 0151 / _____

Frühstück: von 7 Uhr bis _____ Uhr

Aufgabe 3

Lesen Sie / Lies die Aufgabe 3 gut durch. Sie haben / Du hast 30 Sekunden Zeit.
Situation: Sie hören / Du hörst ein Interview, bei dem fünf Personen befragt werden.
Hören Sie / Hör gut zu und kreuzen Sie / kreuze die richtigen Antworten an.
Pro Person sind mehrere Antworten möglich. Sie hören / Du hörst die Texte einmal.

10 / 30 Punkte

Wo machen Sie am liebsten Urlaub?

	in der Stadt	zu Hause	am Meer	auf einem anderen Kontinent	in den Bergen
1 Sprecher					
2 Sprecherin					
3 Sprecher					
4 Sprecherin					
5 Sprecher					

129

WORTSCHATZ UND REDEMITTEL

1 Länder, Sprachen, Bewohner. Ergänzen Sie die fehlenden Informationen. Zeichnen Sie dann die Flagge von Ihrem Land und notieren Sie auch Informationen dazu.

	Flagge	Land	Sprache(n)	Bewohner/Bewohnerin
1				der Spanier / die Spanierin
2			Italienisch	
3				
4			Deutsch	der Deutsche / die Deutsche
5		die Schweiz	Deutsch, ..., ... und Rätoromanisch	
6		Griechenland		
7				der Franzose / die Französin
8				der Türke / die Türkin
9		Kanada		
10		Australien		
11			Chinesisch	
12				

130

Urlaub, Ferien, Reisen

2 Wohin kann man reisen? Ordnen Sie zu. Können Sie noch etwas ergänzen?

Europa · Portugal · Alpen · Meer · Afrika · Paris · Süden · Ostsee · Barcelona · Berge · Insel · Bodensee · Schweiz · Polen · Comer See · Südamerika · Großbritannien · Atlantik · Pyrenäen · Asien · Norden · Mittelmeer · Türkei · …

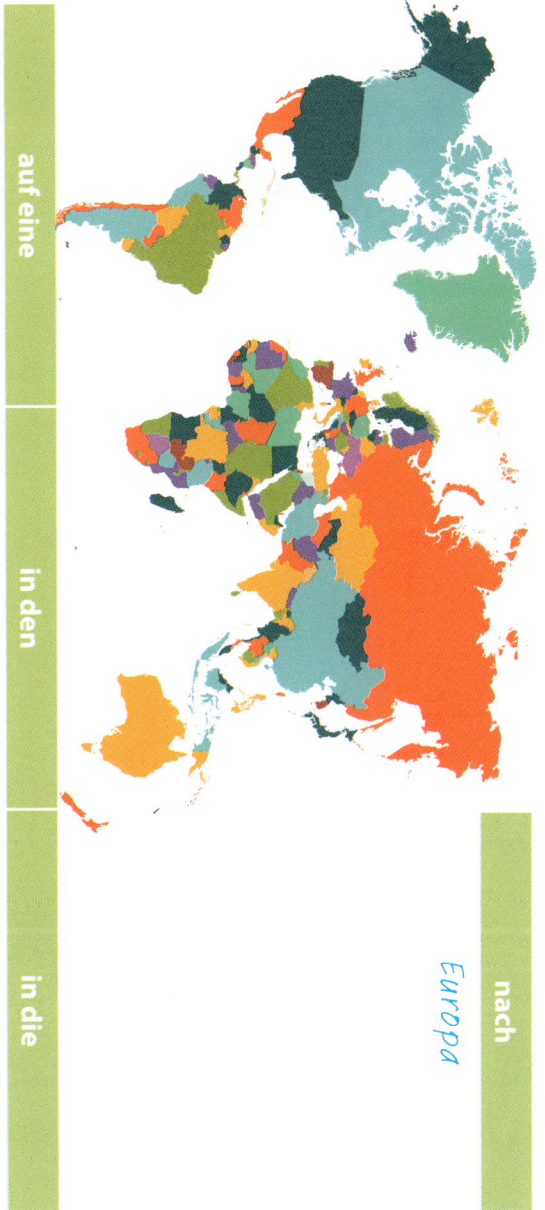

nach	auf eine	in den	in die
Europa			

an den	an die	ans (an das)

WORTSCHATZ UND REDEMITTEL

3

a Wie heißen diese Verkehrsmittel? Schreiben Sie die Nomen mit dem Artikel auf und ordnen Sie zu.

A_t_ • W_hnm_b_l • Fl_gz__g • Sch_ff • S_g_lb__t • F_hrr_d • M_t_rr_d • B_s • Z_g

A — das Auto

B

C

D

E

F

G

H

I

b Womit kann man reisen? Notieren Sie.

Man kann mit dem Auto / mit dem Flugzeug / mit dem ... reisen.

c Welches Verkehrsmittel kann man für die Reise nehmen? Notieren Sie.

Man kann das Auto / das Flugzeug / das ... nehmen.

Urlaub, Ferien, Reisen

4 Die vier Jahreszeiten und die zwölf Monate.

Frühling / Frühjahr

M__z

__pr__

Ma__

Herbst

Se__te__er

__k__b__r

No__m____

Sommer

__u__i

__li

Au__st

Winter

De__e__be__

__nu__r

F__br__ar

WORTSCHATZ UND REDEMITTEL

5 Wetterwörter. Welche Wörter und Ausdrücke passen zu welchem Bild? Notieren Sie wie im Beispiel.

der Wind weht • die Sonne • der Schnee fällt • es ist bewölkt • es donnert • die Wolke • es ist kalt • das Gewitter • es ist wolkig • es regnet • die Wärme • es blitzt • der Wind • die Kälte • die Sonne scheint • es ist heiß • es ist sonnig • es ist windig • die Hitze • es weht • es schneit • der Regen • es ist warm • der Schnee

die Sonne

die Sonne scheint

es ist sonnig

134

Urlaub, Ferien, Reisen

6 Markieren Sie (waagerecht und senkrecht) die weiteren 16 Kleidungsstücke wie im Beispiel.

```
A  T  S  H  I  R  T  Y  B  P
R  S  T  U  V  W  X  Z  A  U
B  G  F  E  D  C  B  A  D  L
Q  H  A  B  C  E  D  I  E  L
C  I  R  H  J  F  C  J  H  O
P  J  O  R  E  G  B  K  O  V
D  K  C  J  A  H  O  S  E  E
B  I  K  I  N  I  A  L  R  R
E  L  C  D  S  J  Z  M  F  E
O  N  B  E  H  K  Y  N  E  C
F  M  A  K  L  E  L  Y  G  D
N  A  T  R  A  F  G  L  O  H
G  N  R  A  W  M  B  P  A  C
M  E  I  E  F  A  N  U  R  B
S  T  I  E  Y  A  N  S  A  S
H  L  X  W  V  O  S  A  X  B
I  O  M  S  T  U  P  E  T  A
L  M  S  T  J  A  C  K  E  L
K  P  O  P  R  J  C  T  N  W
E  A  N  D  S  C  H  U  H  E
H  A  N  D  S  C  H  U  H  E
M  R  M  Ü  L  K  J  I  G  F
E  Q  L  K  J  I  H  G  F  E
D  S  N  O  M  T  Z  E  D  C
J  T  U  V  W  X  Y  Z  B  A
```

7 Was macht man vor der Reise? Ergänzen Sie weitere Ideen.

- die Tickets buchen
- die Unterkunft (Hotel, Pension, ...) buchen
- einen Freund / eine Freundin bitten, die Blumen zu gießen
- den Nachbarn Bescheid sagen, wie lange man weg ist
- ...
- ...

135

SCHREIBEN

ÖSD Zertifikat A2 · ÖSD KID A2
30 Minuten

Schreibaufgabe Blatt 1

15 / 15 Punkte

Situation: Sie bekommen / Du bekommst von Ihrem/deinem Freund Latif folgendes E-Mail:

von: **latif_mx@net.at**
an: **freund.in@newnet.com**

Liebe/Lieber …,

ich überlege, wohin ich im Urlaub fahren kann. Du warst schon in so vielen Ländern. Welches Land würdest du mir vorschlagen? Was ist in dem Land besonders schön? Ich reise gerne mit dem Zug. Wie verreist du am liebsten? Außerdem würde ich dann gerne ein bisschen die Landessprache können. Wie kann ich am schnellsten die neue Sprache lernen? Hast du eine Idee?

Bitte antworte mir bald, damit ich langsam alles planen kann.

Viele liebe Grüße
Latif

Schreiben Sie ein E-Mail an Latif (Blatt 2).

Beachten Sie folgende Punkte:
- Schreiben Sie circa 50 Wörter.
- Beantworten Sie alle Fragen.
- Schreiben Sie einen Gruß am Ende.

Urlaub, Ferien, Reisen

Blatt 2

Schreiben Sie / Schreib das E-Mail weiter und beantworten Sie / beantworte die Fragen am Rand.

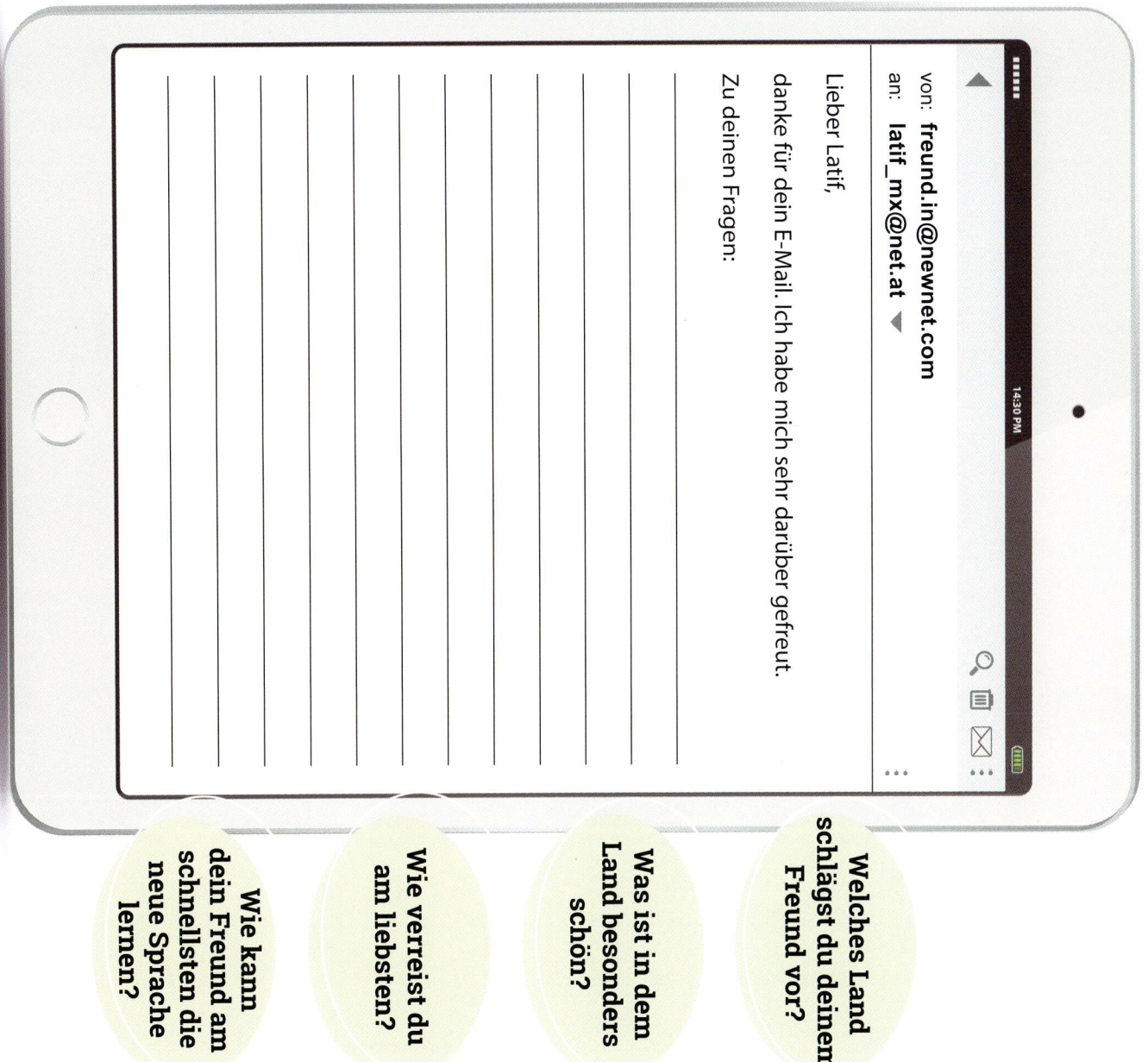

von: **freund.in@newnet.com**
an: **latif_mx@net.at** ▼

Lieber Latif,

danke für dein E-Mail. Ich habe mich sehr darüber gefreut.

Zu deinen Fragen:

- **Welches Land schlägst du deinem Freund vor?**
- **Was ist in dem Land besonders schön?**
- **Wie verreist du am liebsten?**
- **Wie kann dein Freund am schnellsten die neue Sprache lernen?**

137

SPRECHEN

ÖSD KID A2 — insgesamt 15 Minuten

Aufgabe 1 Sprich über dich

10 / 20 Punkte

Situation: Du ziehst in der Prüfung 5 Karten. Auf jeder Karte steht ein Thema. Sprich zu diesem Thema und erzähle etwas über dich (zu jedem Thema ein paar Sätze). Deine Gesprächspartnerin / Dein Gesprächspartner kann dir zu den Themen auch Fragen stellen.

ÖSD KID A2 — Sprechen Teil 1

Tagesablauf

ÖSD KID A2 — Sprechen Teil 1

Geburtstag

ÖSD KID A2 — Sprechen Teil 1

Umwelt

ÖSD KID A2 — Sprechen Teil 1

Beruf / Berufswünsche

ÖSD KID A2 — Sprechen Teil 1

soziale Netzwerke

Beispiel

ÖSD KID A2 — Sprechen Teil 1

Umwelt

Mögliche Antworten:
Ich liebe die Berge und …
Hier in … ist das Wetter …

138

Urlaub, Ferien, Reisen

ÖSD Zertifikat A2

insgesamt 15 Minuten

Aufgabe 1 Sich vorstellen

10 / 20 Punkte

Situation: Ihre Gesprächspartnerin / Ihr Gesprächspartner möchte Sie gerne kennenlernen. Sie erhalten ein Blatt mit 6 Fragen zu Ihrer Person. Wählen Sie 5 Themen aus und sprechen Sie darüber (zu jedem Thema eir paar Sätze). Ihre Gesprächspartnerin / Ihr Gesprächspartner wird Ihnen zu diesen Themen auch Fragen stellen.

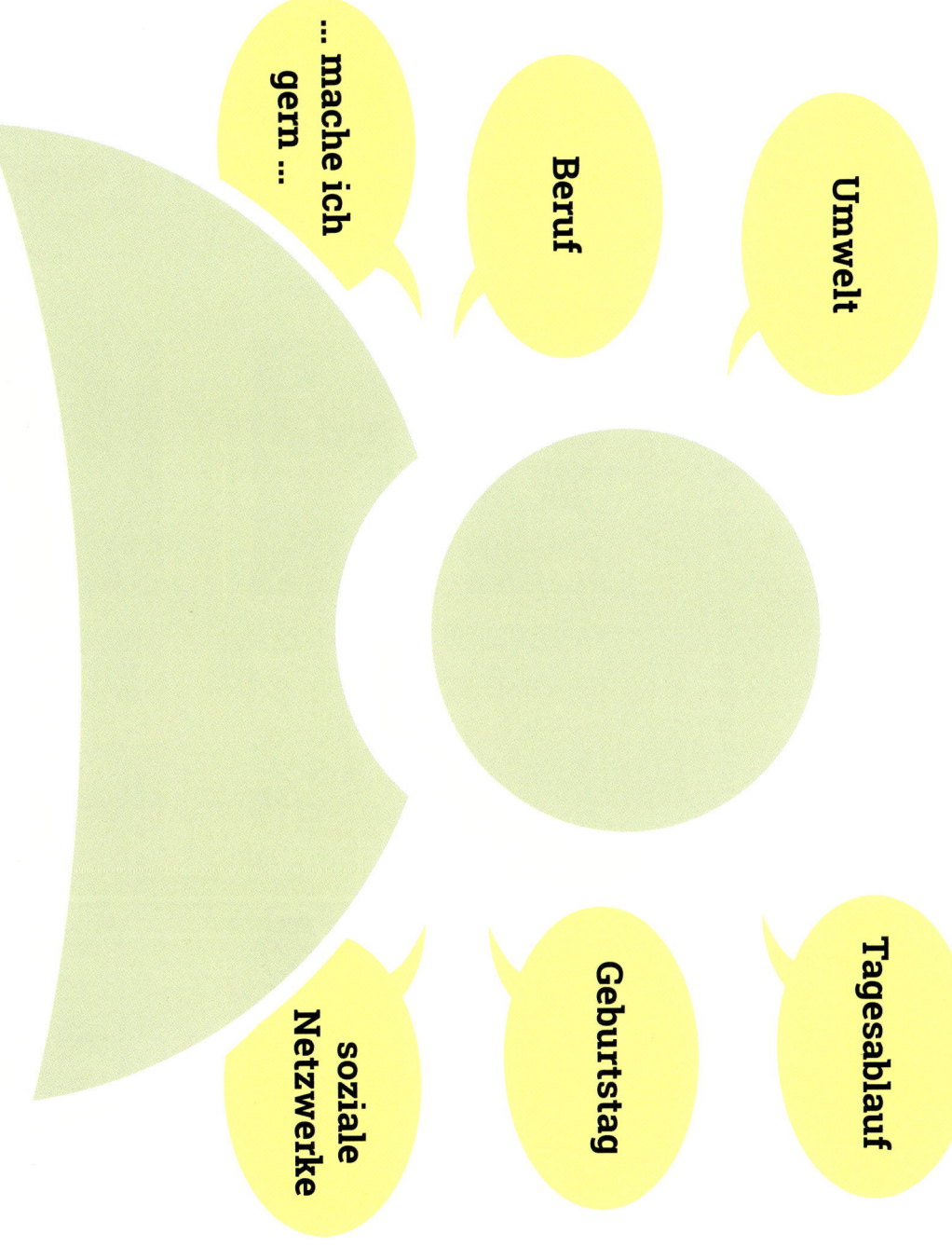

- Umwelt
- Beruf
- ... mache ich gern ...
- Tagesablauf
- Geburtstag
- soziale Netzwerke

SPRECHEN

Aufgabe 2 Gemeinsam eine Aufgabe lösen

10 / 20 Punkte

ÖSD Zertifikat A2

insgesamt 15 Minuten

Situation: Sie möchten mit Ihrer Gesprächspartnerin / Ihrem Gesprächspartner zusammen in den Urlaub fahren. Heute planen Sie Ihre Reise. Sie haben sich dazu Fragen notiert. Besprechen Sie die Fragen mit Ihrer Gesprächspartnerin / Ihrem Gesprächspartner. Bereiten Sie sich auf das Gespräch vor. Sie haben dafür 10 Minuten Zeit.

ÖSD KID A2

insgesamt 15 Minuten

Situation: Du möchtest mit deiner Gesprächspartnerin / deinem Gesprächspartner zusammen in den Urlaub fahren. Heute plant ihr eure Reise. Hast du noch andere Ideen oder Fragen? Bereite dich auf das Gespräch vor. Du hast dafür 10 Minuten Zeit.

Zusammen den Urlaub planen

Wohin?
 auf eine Insel?
 in die Berge?
 in eine Stadt?

Wann? Wie lange? Wie?
 Jahreszeit / Monat?
 Dauer?
 Verkehrsmittel?

Wo wohnen?
in einem Hotel?
in einem Ferienhaus?
auf einem Campingplatz?

Vor der Reise?
Tickets buchen?
bestimmte Kleidungsstücke kaufen?
 noch etwas?

Medien und Technologie

8

ÖSD KID A2

insgesamt 35 Minuten

LESEN

Aufgabe 1   Blatt 1

10 / 25 Punkte

Lies die folgenden Situationen (1 bis 7) und die Anzeigen (B bis F) auf Blatt 2.
Welche Anzeige passt zu welcher Situation?
Schreib die Lösung in das Kästchen rechts (siehe Beispiele).

Achtung: Für zwei Situationen findest du KEINE passende Anzeige.
Für diese Situationen schreib 0.

Schau dir zuerst die Beispiele an.

Situationen

		Anzeige
Beispiel Nr. 1	Du hast Geburtstag und deine Eltern möchten dir ein Tablet schenken.	A
Beispiel Nr. 2	Deine Schwester interessiert sich für Kino und für bekannte Schauspieler. Sie möchte gern ein Filmmuseum besuchen.	0
1	Am Wochenende möchtest du mit deinen Freunden ins Kino gehen. Du willst eure Karten online kaufen.	☐
2	Du willst dich über technologische Neuigkeiten informieren und suchst eine passende Zeitschrift.	☐
3	Dein Smartphone funktioniert nicht und du musst es reparieren lassen.	☐
4	Dein kleiner Bruder (8) möchte lernen, wie er am Computer arbeiten kann.	☐
5	Deine Freundin hat einen E-Book-Reader. Du möchtest ihr ein Buch dafür schenken.	☐
6	Du siehst gern fern und willst dich über das Fernsehprogramm informieren.	☐
7	Dein Computer ist kaputt. Du suchst einen Techniker, der zu dir nach Hause kommt.	☐

Medien und Technologie

Blatt 2

A — PROFI TEC
Große Auswahl an Fernsehgeräten und PCs
Alle neuen Modelle von Handys, Tablets und Notebooks

beste Preise – fachliche Beratung

www.profi_tec.de

C — Bildschirm aktuell
Unterhaltung, Serien, Filme, Kindersendungen, Quiz, Krimis und vieles mehr.

Alle öffentlichen und privaten TV-Sender mit unseren Tages- und Wochentipps.

www.bildschirmaktuell.de

E — HT Express
Wir helfen schnell und gut!
Reparaturen von allen Handy-Marken innerhalb von 48 Stunden.
Bring dein Gerät zu uns und das Problem ist schon gelöst!

Mehr Infos: www.hteks.ch

B — Lese-Welten
Viele Titel jetzt auch digital!
Romane, Jugendliteratur, Fach- und Kinderbücher

Einfach und schnell bestellen unter:
www.lese-welten.at

D — TeMa Kinder-Akademie
Wie mache ich einen Animationsfilm?
Wie programmiere ich ein Videospiel?
Wie surfe ich sicher im Internet?

Kurse und Workshops für Kinder von 6 bis 12.

www.tema-kiakademie.at

F — Film Total
Was läuft wo?
Film Total – der 24-Stunden-Service für alle Kinos in Deutschland

Informationen über das gesamte Programm und Online-Kartenkauf bei:
www.filmtotal.com

ÖSD Zertifikat A2

LESEN

insgesamt 30 Minuten

Aufgabe 1 Blatt 1

15 / 25 Punkte

Lesen Sie die 10 Überschriften auf Blatt 1 und die 5 Texte auf Blatt 2. Suchen Sie dann zu jedem Text (1 bis 5) die passende Überschrift (A bis K) und schreiben Sie den Buchstaben auf die Linie über dem Text (1 Überschrift: ___).

Pro Text gibt es nur eine richtige Lösung.

A Wie hört man heute Musik?

B Im Alter fit am PC

C Virtueller Spaziergang: Geschichtsunterricht einmal anders

D Online-Forum: Live-Diskussion mit Experten

E Ein besonderer Babysitter

F Wochenendkurs für Senioren mit PC-Erfahrung

G Klassik, Pop, Rock und vieles mehr – für jeden etwas

H Schon Kleinkinder lernen Fremdsprachen online

I Mensch und PC: Oft schädlich für Körper und Zusammenleben

K Die Welt neu erleben

Blatt 2

1 Überschrift: _____

Im neuen Semester organisiert die Volkshochschule den 6-tägigen Anfänger-Computerkurs „Ältere Menschen Aktiv". Ziel ist das Kennenlernen und Üben von wichtigen Programmen wie MS-Word und der Internetbenutzung für Skype und E-Mails. Man braucht keine Kenntnisse. Der Kurs findet jeden Montag von 17 Uhr bis 18.30 Uhr statt.
Anmeldung unter der Telefonnummer: (0644) 527 88 493

(von einer österreichischen Website)

2 Überschrift: _____

Hören Sie Radio? Das war das Thema einer Umfrage. Die meisten Befragten nutzen kaum noch das UKW-Radio, denn dort können sie die Musik nicht selbst wählen. Sie gehen lieber ins Internet. Über eine App findet man dort schnell und einfach die Lieder und Konzerte, die einem gefallen. Beim Joggen oder bei langen Autofahrten ist die Musik nach Wunsch für viele besonders schön.

(aus einer deutschen Zeitschrift)

3 Überschrift: _____

Auf der Technologiemesse CES in Shanghai stellte die chinesische Firma AvatarMind den Roboter *iPal* vor. Er ist so groß wie ein Fünfjähriger und kommuniziert durch einen Bildschirm in seiner Brust. iPal spricht Englisch und Chinesisch, gibt Mathematikunterricht, erzählt Witze und passt auf das Kind auf. Die Eltern können per Smartphone-App kontrollieren, wie gut er seine Aufgaben macht.

(von einer österreichischen Website)

4 Überschrift: _____

Immer mehr Menschen sitzen sehr viele Stunden am Computer. Das gilt für alle Altersgruppen: Kinder, Jugendliche und Erwachsene. In Artikeln und Fernsehsendungen beschreiben Psychologen und Ärzte das als großes Problem: Erstens sprechen die Familienmitglieder dadurch viel zu wenig miteinander und zweitens haben diese Menschen sehr oft Gesundheitsprobleme, weil sie am PC viel Süßes und Fast-Food essen und zu wenig Bewegung haben.

(von einer Schweizer Website)

5 Überschrift: _____

museum4punkt0 heißt ein Projekt, bei dem sieben Museen zusammenarbeiten. Sie zeigen dem Besucher, wie man mit Technologie Dinge neu entdecken kann, in der Kunst genauso wie in der Natur. So kann man zum Beispiel mit einem speziellen Programm erkennen, wie oft ein Maler sein Bild korrigiert hat. Oder man ist in einer virtuellen Welt so klein wie eine Maus. Sehr spannend!

(von einer deutschen Website)

LESEN

insgesamt 30 Minuten

Aufgabe 2 Blatt 1

Lesen Sie / Lies zuerst den folgenden Text.
Lösen Sie / Löse dann die 5 Aufgaben auf Blatt 2.

10 / 25 Punkte

Digital Detox
Salzburger Schülerinnen und Schüler versuchten es

Besonders Kinder und Jugendliche sind viele Stunden täglich am Smartphone. Für sie ist es das Wichtigste, durch SMS oder soziale Netzwerke immer und überall mit ihren Freunden Kontakt zu haben, auch in der Schule. Viele Lehrerinnen und Lehrer beobachten aber, dass die jungen Menschen dadurch oft nervös und unkonzentriert sind. Tobias Ammerbach, Lehrer einer 8. Klasse in Salzburg, machte seinen Schülerinnen und Schülern den Vorschlag, freiwillig eine Woche ohne Handy zu leben. Die meisten wollten das ausprobieren. Pia war eine von ihnen.

Gleich am ersten Tag war sie aktiv: Kein Smartphone, sondern ein spannendes Buch hatte sie in ihren Händen. Außerdem hat sie wieder Flöte* gespielt. „Als Kind habe ich es gelernt, aber nach ein paar Jahren damit aufgehört." Abends hat sie gemütlich mit der Familie zusammen ferngesehen. Seit einigen Tagen haben alle ihr Smartphone zurück. „Das ist natürlich toll", sagt Pia. „Aber ich möchte nicht mehr so viel im Internet sein wie früher. Ich habe gelernt, was ich noch in meiner Freizeit machen kann."

Über ihre Erfahrungen schreiben die Schülerinnen und Schüler nun in einem Online-Forum. Eine Fernseh-Reporterin hat das gelesen. Sie ist in die Schule gekommen und hat einen kurzen Film über alle gemacht.

Tobias Ammerbach würde im nächsten Schuljahr gern Workshops und kleine Seminare zum Thema *Medien* machen. Die Direktorin ist damit einverstanden. Jetzt muss er noch mit der Klasse darüber diskutieren.

(aus einer österreichischen Zeitung)

* die Flöte: ein Instrument, zum Beispiel eine Blockflöte, eine Querflöte oder eine Piccoloflöte

Medien und Technologie

Blatt 2

Markieren Sie / Markiere die richtige Antwort (A oder B oder C).
Für jede Aufgabe (1 bis 5) gibt es nur eine richtige Lösung (siehe Beispiel).

Beispiel

0 Das Smartphone …
- [A] benutzen meistens die Erwachsenen.
- [B] brauchen Kinder sehr oft für den Unterricht.
- [☒] finden viele Lehrerinnen und Lehrer problematisch.

1 Die handyfreie Woche …
- [A] hat wenige Achtklässler interessiert.
- [B] mussten alle Schüler machen.
- [C] war eine Idee vom Lehrer.

2 In den Tagen ohne Smartphone hat Pia …
- [A] sich am Abend gestresst gefühlt.
- [B] sich beim Lesen gelangweilt.
- [C] wieder selbst Musik gemacht.

3 Pia will in Zukunft …
- [A] mehr für die Schule tun.
- [B] im Internet neue Freunde finden.
- [C] weniger online sein.

4 Über die Zeit ohne Smartphone …
- [A] berichteten die Schülerinnen und Schüler einer Zeitungsjournalistin.
- [B] haben die Schülerinnen und Schüler ein kleines Video gemacht.
- [C] informieren die Schülerinnen und Schüler im Internet.

5 Tobias Ammerbach …
- [A] möchte den Versuch mit seiner Klasse wiederholen.
- [B] möchte verschiedene Medienprojekte anbieten.
- [C] muss mit der Direktorin noch über seine Pläne sprechen.

147

LESEN

ÖSD KID A2

insgesamt 35 Minuten

Aufgabe 3

5 / 25 Punkte

Situation: Du liest in einer Jugendzeitschrift folgenden Text.
Der Text hat fünf Lücken (1 bis 5).
Finde für jede Lücke das passende Wort und schreib es hinein!

Achtung: Es gibt ein paar Wörter zu viel!

Wochenende – was nun?

Von Jugendlichen (0) _hört_ man oft folgende Frage: Na, was machen wir am Wochenende? Wieder dasselbe? Ich (1) _____ in meiner Freizeit mal etwas anderes machen. Der 16-jährige Alexander hatte eines Tages die Idee, einen Blog für Freizeittipps einzurichten. Das macht er nun seit ein paar Wochen zusammen mit zwei Freunden. Der Blog (2) _____ über Freizeitaktivitäten und Veranstaltungen: Was (3) _____ es Neues in der Stadt? Welches Café liegt im Trend? Welche Workshops oder Ausstellungen (4) _____ man besuchen? Welcher Film (5) _____ in welchem Kino? Der Blog ist sehr erfolgreich und die Leser unterstützen das Projekt. Sie schreiben zum Beispiel, wie ihnen eine Veranstaltung gefallen hat oder schlagen etwas vor.

- findet
- gibt
- antwortet
- läuft
- will
- liest
- kann
- informiert
- muss
- ~~hört~~

Medien und Technologie

HÖREN

ÖSD Zertifikat A2 — ÖSD KID A2

insgesamt 15 Minuten

Aufgabe 1

10 / 30 Punkte

Lesen Sie / Lies die Aufgabe 1 gut durch. Sie haben / Du hast 30 Sekunden Zeit.
Situation: Im Radio hören Sie / hörst du 2 verschiedene Texte mit dem gleichen Inhalt.
Hören Sie / Hör gut zu und markieren Sie / markiere die Antworten. Es gibt vier richtige Antworten.
Sie hören / Du hörst die Texte einmal.

Wozu benutzen die Schweizerinnen und Schweizer das Internet?

☐ Videos sehen ☐ Musik hören ☐ online lernen ☐ chatten
☐ online fernsehen ☐ Online-Banking ☐ online einkaufen ☐ skypen/facetimen

Aufgabe 2

10 / 30 Punkte

Lesen Sie / Lies die Aufgabe 2 gut durch. Sie haben / Du hast 30 Sekunden Zeit.
Situation: Sie hören / Du hörst folgende Nachricht. Hören Sie / Hör gut zu und schreiben Sie / schreib
die wichtigsten Informationen auf. Sie hören / Du hörst den Text zweimal.

Notizen – Computer-Center

Adresse: _____ straße
nächste Woche
geöffnet: von _____ bis Freitag Reparaturkosten: _____ Euro
von _____ Uhr bis 18 Uhr Telefonnummer: 0232 / _____

Aufgabe 3

10 / 30 Punkte

Lesen Sie / Lies die Aufgabe 3 gut durch. Sie haben / Du hast 30 Sekunden Zeit.
Situation: Sie hören / Du hörst ein Interview, bei dem fünf Personen befragt werden.
Hören Sie / Hör gut zu und kreuzen Sie / kreuze die richtigen Antworten an.
Pro Person sind mehrere Antworten möglich. Sie hören / Du hörst die Texte einmal.

Welche Medien nutzen Sie?

	Zeitung	Radio	Fernseher	Zeitschrift	E-Book-Reader
1 **Sprecher**					
2 **Sprecherin**					
3 **Sprecher**					
4 **Sprecherin**					
5 **Sprecher**					

WORTSCHATZ UND REDEMITTEL

1 Medien und Zubehör. Schreiben Sie die Nomen und ordnen Sie zu. Drei Wörter bleiben übrig.

das B_ch • der Co_p__er / der PC • der E-__ok-Re__er • der __er__eher • der Kop__er • der/das L_pt_p • der/das PC-M___ • der L__tsp__cher • der MP3-Pl__er • die Ta____ • das _a_io • das S_art__one • die Z__t__hrift • die _eb_am • die Zei_u_g

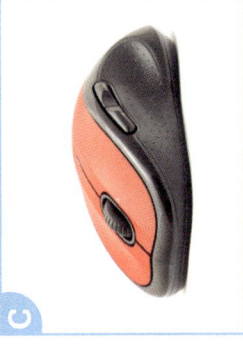
A

B

C

D

E

F

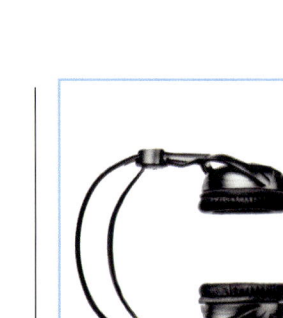
G

I

H

K

L

A: das Buch

Medien und Technologie

2 a

Was macht man mit welchem Medium? Notieren Sie. Es gibt mehrere Möglichkeiten.

1 Geschichten, Romane, Biographien lesen _____
2 spielen _____
3 einen Artikel lesen _____
4 Musik speichern und hören _____
5 im Facebook, bei Twitter oder Instagram etwas hochladen oder schreiben _____
6 mit jemandem in einem Chat kommunizieren _____
7 fernsehen _____
8 Fotos oder Videos machen _____
9 eine SMS schreiben _____
10 mit jemandem per Skype telefonieren _____
11 Dateien anklicken _____
12 etwas in einem Blog schreiben _____
13 im Internet Informationen suchen / recherchieren _____
14 mit jemandem bei FaceTime sprechen _____
15 Musik oder Filme herunterladen oder hochladen _____

WORTSCHATZ UND REDEMITTEL

b Englische Wörter im Deutschen. Welche Aktivität ist das? Notieren Sie.

etwas in einem Blog schreiben

eine SMS schreiben

herunterladen (z.B. Musik oder Filme)

im Facebook, bei Twitter oder Instagram etwas hochladen oder schreiben

bei Twitter etwas hochladen oder schreiben

mit jemandem in einem Chat kommunizieren

mit jemandem per FaceTime sprechen

im Internet Informationen suchen / recherchieren

hochladen (z.B. Fotos)

mit jemandem per Skype telefonieren

1 bloggen — etwas in einem Blog schreiben
2 chatten
3 downloaden
4 uploaden
5 facetimen
6 googeln
7 posten
8 simsen
9 skypen
10 twittern

152

Medien und Technologie

3 **Was kann man im Fernsehen sehen, was im Kino? Ordnen Sie zu. Es gibt mehrere Möglichkeiten.**

der Abenteuerfilm • der Actionfilm • der Animationsfilm • der Dokumentarfilm • die Komödie • der Krimi • die Nachrichten • das Quiz • die Reportage • der Sci-Fi (der Science-Fiction-Film) • die Serie • die Sportsendung • die Talent-Show • die Tragödie • der Zeichentrickfilm

im Fernsehen	im Kino
der Abenteuerfilm	*der Abenteuerfilm*

4 **Was sehen Sie gerne im Fernsehen? Erzählen Sie. Verwenden Sie die Redemittel und Satzanfänge.**

Meine Lieblingsserie ist/heißt …
Ich sehe sehr gerne / Ich mag besonders …
Am besten gefällt/gefallen mir …
Am Wochenende sehe ich mir immer/oft/manchmal (einen/ein/eine) … an.
Ich sehe nie …
Sportsendungen/Quizsendungen/… sind in meiner Heimat sehr beliebt.

Im Fernsehen sehe ich sehr gerne Serien. Meine Lieblingsserie heißt „…". Sie läuft zweimal in der Woche, am Dienstag- und am Freitagabend. Die Serie ist sehr spannend. …

153

SCHREIBEN

Schreibaufgabe Blatt 1

15 / 15 Punkte

Situation: Sie bekommen / Du bekommst von Ihrer/deiner Freundin Franziska folgendes E-Mail:

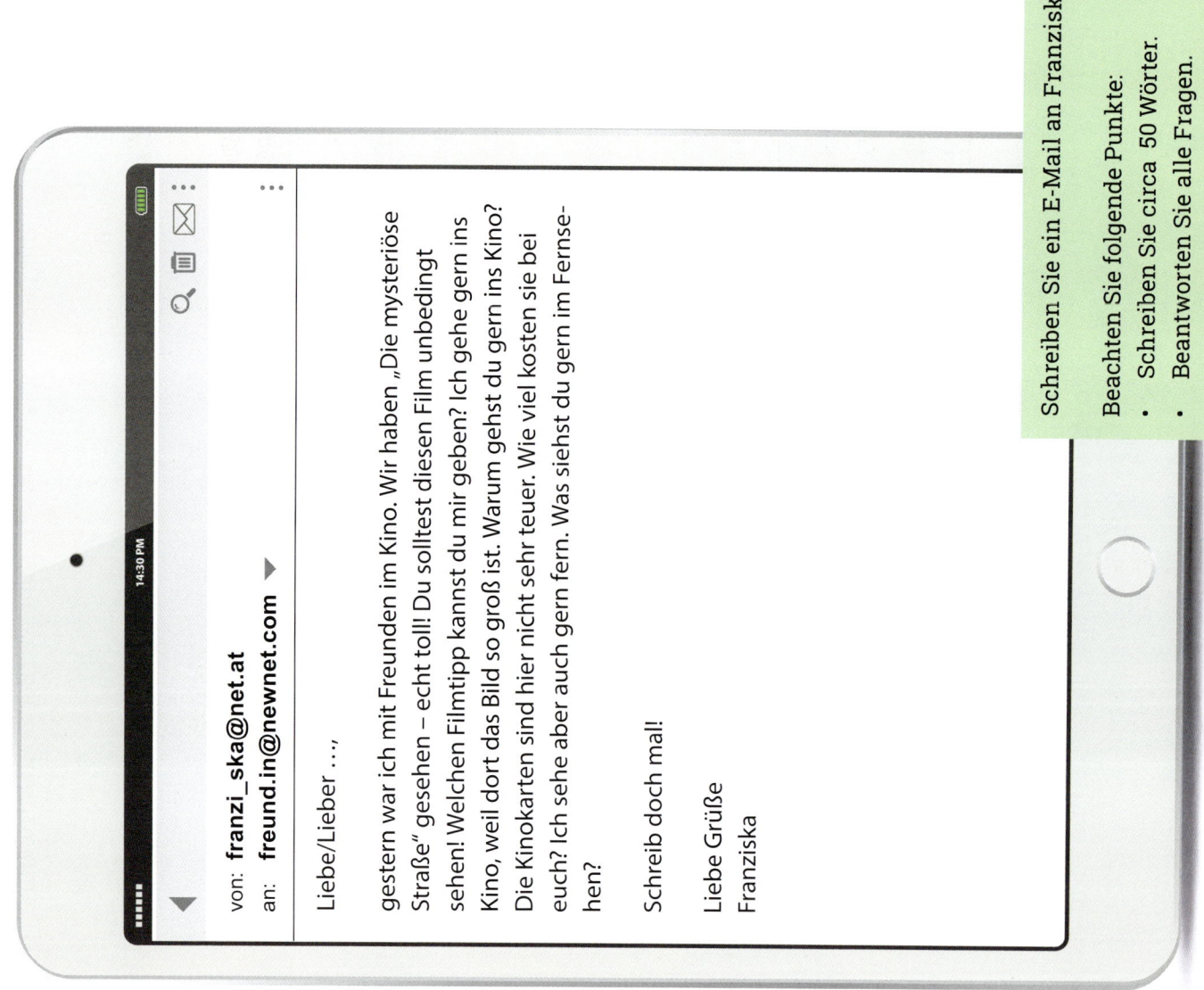

von: franzi_ska@net.at
an: freund.in@newnet.com

Liebe/Lieber ...,

gestern war ich mit Freunden im Kino. Wir haben „Die mysteriöse Straße" gesehen – echt toll! Du solltest diesen Film unbedingt sehen! Welchen Filmtipp kannst du mir geben? Ich gehe gern ins Kino, weil dort das Bild so groß ist. Warum gehst du gern ins Kino? Die Kinokarten sind hier nicht sehr teuer. Wie viel kosten sie bei euch? Ich sehe aber auch gern fern. Was siehst du gern im Fernsehen?

Schreib doch mal!

Liebe Grüße
Franziska

Schreiben Sie ein E-Mail an Franziska (Blatt 2).

Beachten Sie folgende Punkte:
- Schreiben Sie circa 50 Wörter.
- Beantworten Sie alle Fragen.
- Schreiben Sie einen Gruß am Ende.

Blatt 2

Schreiben Sie / Schreib das E-Mail weiter und beantworten Sie / beantworte die Fragen am Rand.

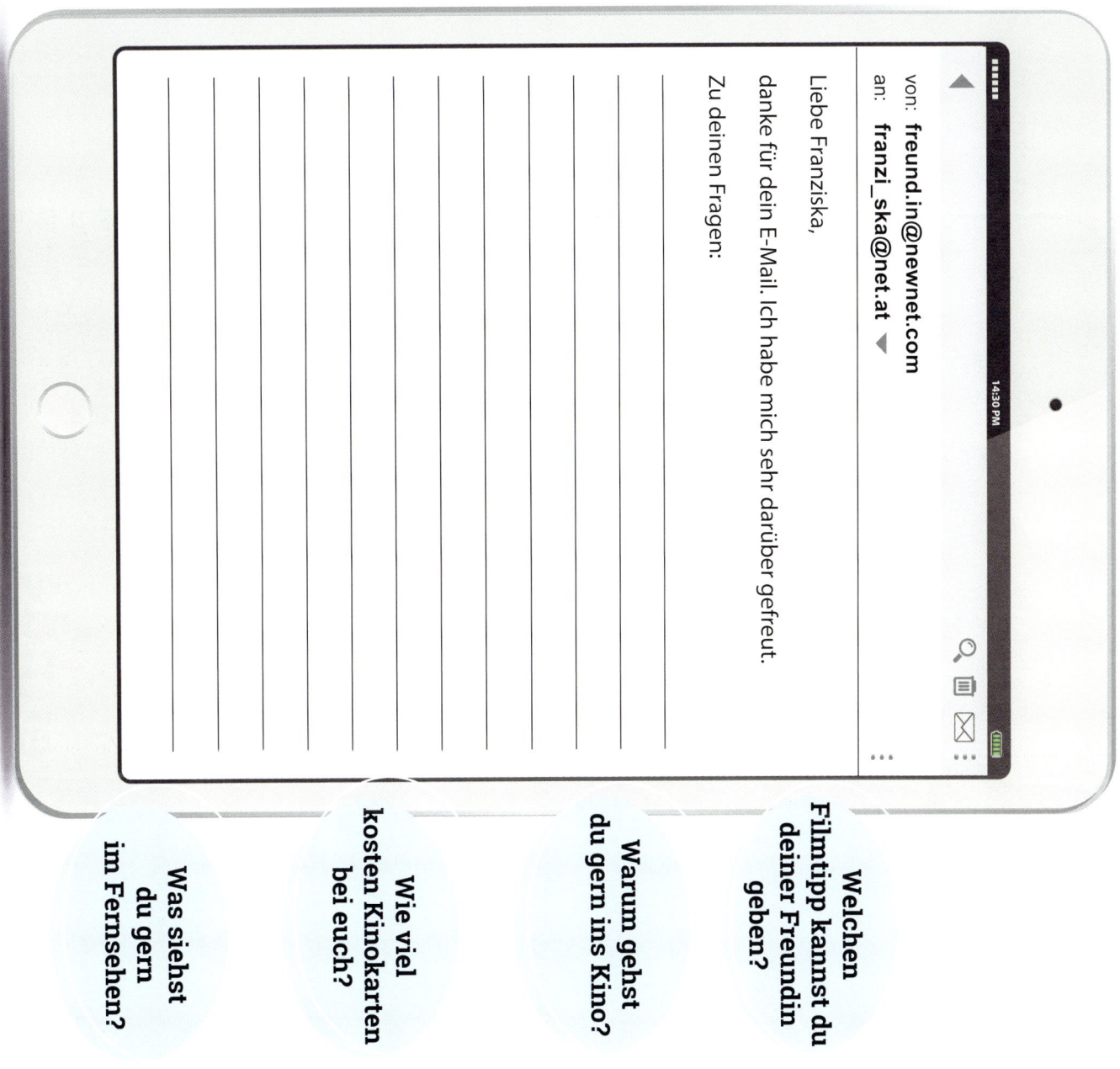

von: **freund.in@newnet.com**
an: **franzi_ska@net.at** ▼

Liebe Franziska,

danke für dein E-Mail. Ich habe mich sehr darüber gefreut.

Zu deinen Fragen:

Welchen Filmtipp kannst du deiner Freundin geben?

Warum gehst du gern ins Kino?

Wie viel kosten Kinokarten bei euch?

Was siehst du gern im Fernsehen?

Medien und Technologie

ÖSD KID A2

insgesamt 15 Minuten

SPRECHEN

Aufgabe 1   Sprich über dich

10 / 20 Punkte

Situation: Du ziehst in der Prüfung 5 Karten. Auf jeder Karte steht ein Thema. Sprich zu diesem Thema und erzähle etwas über dich (zu jedem Thema ein paar Sätze). Deine Gesprächspartnerin / Dein Gesprächspartner kann dir zu den Themen auch Fragen stellen.

Sprechen Teil 1

Ausbildung

ÖSD KID A2

Sprechen Teil 1

Sport

ÖSD KID A2

Sprechen Teil 1

Freunde

ÖSD KID A2

Sprechen Teil 1

Feste und Feiern

ÖSD KID A2

Sprechen Teil 1

Wohnen

ÖSD KID A2

Mögliche Antworten:
Ich habe …
Mit meinen Freunden …

Beispiel

Sprechen Teil 1

Freunde

ÖSD KID A2

156

Medien und Technologie

8

ÖSD Zertifikat A2

insgesamt 15 Minuten

Aufgabe 1 Sich vorstellen

10 / 20 Punkte

Situation: Ihre Gesprächspartnerin / Ihr Gesprächspartner möchte Sie gerne kennenlernen. Sie erhalten ein Blatt mit 6 Fragen zu Ihrer Person.
Wählen Sie 5 Themen aus und sprechen Sie darüber (zu jedem Thema ein paar Sätze). Ihre Gesprächspartnerin / Ihr Gesprächspartner wird Ihnen zu diesen Themen auch Fragen stellen.

- Freunde
- Feste und Feiern
- … mache ich gern …
- Ausbildung
- Sport
- Wohnen

157

S P R E C H E N

Aufgabe 2   Gemeinsam eine Aufgabe lösen

10 / 20 Punkte

insgesamt 15 Minuten

ÖSD Zertifikat A2

Situation: Sie möchten mit Ihrer Gesprächspartnerin / Ihrem Gesprächspartner zusammen einen neuen Computer kaufen. Sie haben sich dazu Fragen notiert. Besprechen Sie die Fragen mit Ihrer Gesprächspartnerin / Ihrem Gesprächspartner.
Bereiten Sie sich auf das Gespräch vor. Sie haben dafür 10 Minuten Zeit.

insgesamt 15 Minuten

ÖSD KID A2

Situation: Du möchtest mit deiner Gesprächspartnerin / deinem Gesprächspartner zusammen einen neuen Computer kaufen. Sprich mit deiner Gesprächspartnerin / deinem Gesprächspartner darüber, was ihr kaufen wollt. Hast du noch andere Ideen oder Fragen?
Bereite dich auf das Gespräch vor. Du hast dafür 10 Minuten Zeit.

Einen neuen Computer kaufen

Wie transportieren?

Auto?

Taxi?

Lieferservice?

Was noch kaufen?

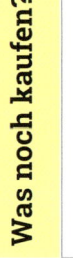
Computer-Maus?

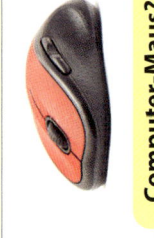
Lautsprecher?

Webcam?

Wo kaufen?

im Internet?

im Elektrogeschäft?

im Kaufhaus?

Was für ein Gerät?

einen Festcomputer?

einen Laptop?

etwas anderes?

AUSWERTUNGSTABELLE
ÖSD KID A2 und ÖSD Zertifikat A2

ÖSD KID A2 – LESEN

Aufgabe 1

Auswertung: maximale Anzahl richtiger Lösungen: 7 • maximale Punktezahl: 10

Anzahl richtiger Lösungen	7	6	5	4	3	2	1	0
Punkte	10	8	6	4	2	1	0	0

Aufgabe 2

Auswertung: maximale Anzahl richtiger Lösungen: 5 • maximale Punktezahl: 10

Anzahl richtiger Lösungen	5	4	3	2	1	0
Punkte	10	8	6	4	2	0

Aufgabe 3

Auswertung: maximale Anzahl richtiger Lösungen: 5 • maximale Punktezahl: 5

Anzahl richtiger Lösungen	5	4	3	2	1	0
Punkte	5	4	3	2	1	0

Grammatik- und Orthografiefehler werden nicht berücksichtigt.

ÖSD Zertifikat A2 – LESEN

Aufgabe 1

Auswertung: maximale Anzahl richtiger Lösungen: 5 • maximale Punktezahl: 15

Anzahl richtiger Lösungen	5	4	3	2	1	0
Punkte	15	12	9	6	3	0

Hinweis: Jede Lösung wird gesondert bewertet, d.h. korrekte Lösungen werden auch dann als richtig gewertet, wenn eine Lösung (Buchstabe) mehr als einmal verwendet wurde.

Aufgabe 2

Auswertung: maximale Anzahl richtiger Lösungen: 5 • maximale Punktezahl: 10

Anzahl richtiger Lösungen	5	4	3	2	1	0
Punkte	10	8	6	4	2	0

LESEN insgesamt: maximal 25 Punkte • Bestehensgrenze: mindestens 5 Punkte

ÖSD KID A2 und Zertifikat A2 – HÖREN

Aufgabe 1

Auswertung: maximale Anzahl richtiger Lösungen: 4 • maximale Punktezahl: 10

Anzahl richtiger Lösungen	4	3	2	1	0
Punkte	10	7	4	1	0

Wenn fünf Antworten angekreuzt wurden: 3 Punkte Abzug
Wenn mehr als fünf Antworten angekreuzt wurden: 0 Punkte

Aufgabe 2

Auswertung: maximale Anzahl richtiger Lösungen: 5 • maximale Punktezahl: 10

Anzahl richtiger Lösungen	5	4	3	2	1	0
Punkte	10	8	6	4	2	0

Grammatik- und Orthografiefehler werden nicht berücksichtigt. Uhrzeit und Telefonnummer müssen für die Vergabe von 2 Punkten jeweils komplett richtig sein, sonst 0 Punkte pro Lösung.

Aufgabe 3

Auswertung: maximal 2 Punkte pro Sprecher/-in (= Zeile) • maximale Punktezahl: 10

Wenn in einer Zeile alles richtig ist: 2 Punkte.
Wenn es in einer Zeile neben der (den) richtigen Lösung(en) eine falsche Lösung gibt: 1 Punkt.
Wenn es in einer Zeile mehr als eine falsche Lösung gibt: 0 Punkte.

HÖREN insgesamt: maximal 30 Punkte • Bestehensgrenze: mindestens 6 Punkte

159

Trackliste

Alle Hördateien aufrufbar unter www.allango.net

Track	Einheit/Aufgabe
1	Einheit 1, Aufgabe 1
2	Einheit 1, Aufgabe 2
3	Einheit 1, Aufgabe 3
4	Einheit 2, Aufgabe 1
5	Einheit 2, Aufgabe 2
6	Einheit 2, Aufgabe 3
7	Einheit 3, Aufgabe 1
8	Einheit 3, Aufgabe 2
9	Einheit 3, Aufgabe 3
10	Einheit 4, Aufgabe 1
11	Einheit 4, Aufgabe 2
12	Einheit 4, Aufgabe 3

Track	Einheit/Aufgabe
13	Einheit 5, Aufgabe 1
14	Einheit 5, Aufgabe 2
15	Einheit 5, Aufgabe 3
16	Einheit 6, Aufgabe 1
17	Einheit 6, Aufgabe 2
18	Einheit 6, Aufgabe 3
19	Einheit 7, Aufgabe 1
20	Einheit 7, Aufgabe 2
21	Einheit 7, Aufgabe 3
22	Einheit 8, Aufgabe 1
23	Einheit 8, Aufgabe 2
24	Einheit 8, Aufgabe 3

MP3-Dateien-Impressum

Tonstudio und Regie: Österreichisches Sprachdiplom Deutsch (ÖSD)

Sprecherinnen und Sprecher: Helga Lorenz, Sandra Janic, Mona Decker-Mathes, Erwin Neuwirth, Johannes Petautschnig, Peter Beck, Anja Glüsing, Hannes Höbinger, Constanze Drumm, Felix Schniz, Stefan Zefferer, Andreas Peterjan, Gregor Chudoba, Dana-Yvette Lex, Patricia Polessnig, Julia Malle, Rolf Stauffacher, Martina Häfelfinger, Florian Nimmrichter, Marlene Michor, Liča Petritz-Teich, Daniela Lackner, Kim Mitterbacher, Nadja Weisshaar, Iris Einöder, Marie Schellander, Romana Piiroja, Irene Schnait, Svetlana Jernej, Krisztina Szilaski, Vanessa Rohrmeister, Michael Huber